Les Gâteaux

湘南 メゾン ボン グゥの
焼き菓子とコンフィチュール

伊藤直樹　伊藤雪子

KADOKAWA

はじめに

お菓子は人の心をやさしく、やわらかく、穏やかにしてくれるもの。そして何より、笑顔を運んでくれるもの。私たちは幼い頃からお菓子を通じて何度もそんな想いを受け取ったり、贈ったりしてきました。パティシェになった今も、それは変わることなく続いています。

私たちの表現の場「メゾン ボン グゥ」は、神奈川県茅ヶ崎市の海の近くにある小さなパティスリーです。お店をオープンしたときから変わることなく胸におき続けているのは、おいしく、美しく、楽しく、そして安心安全なお菓子を提供するということ。そのために日々、変わらずていねいに材料を選び、手間隙を惜しむことなく、お菓子を作り続けています。

このたびご縁をいただき、焼き菓子とコンフィチュールのことを一冊の本にまとめました。今回のレシピは「おうちで作る、食べるを楽しんでもらいたい」という思いをまとめたもの。お菓子作りをする時間を楽しみ、味わうひとときで、心をはずませ、笑顔へといざなうお手伝いができたらいいなという思いを込め、何度も試作を重ねて仕上げたレシピです。家族や友人や、愛する人たちのためにごきげんでものづくりをする先には、きっと笑顔がつながっているはず。そのお手伝いができたらとてもうれしいです。（N・Y）

TABLE
DES
MATIÈRES

HÉRITER エリテ

CAKE ケーク

WEEKEND ウィークエンド

GÂTEAUX AU FROMAGE ガトー オ フロマージュ

Menthe

TARTE タルト

CONFITURE コンフィチュール

geranium rose

お菓子作りの前に

◉計量は大さじ1＝15ml、小さじ＝5ml、1カップ＝200mlの他、液体もgで計量している場合があります。

◉レシピ中の砂糖は上白糖を表します。

◉材料の塩はすべてフランス・ゲランドの塩を使用しています。

◉バターは発酵バター（食塩不使用）を使用しています。なければ食塩不使用のバターを使用してください。

◉オーブンの温度、時間等は表記を目安にご自身のオーブンで加減しながら調整してください。また、作業の前にあらかじめオーブンを設定の温度にあたためておいてください。

◉P102〜のコンフィチュールのレシピは、お店で作っているものをご家庭で食べきれる分量と、作りやすい手順にしたものです。砂糖の量が少なければ少ないほど保存がききませんので、ふたを開けたら冷蔵庫で保存し、なるべく早めに食べきるようにしてください。

◉コンフィチュールを瓶に詰める際は、ふたと瓶を煮沸消毒するか、食品用除菌液で消毒してから詰めるようにしてください。

撮影　広瀬貴子
ブックデザイン　縄田智子　L'espace
校正　麦秋アートセンター
フランス語校正　JP in Paris
動画撮影　松園多聞
編集・構成　赤澤かおり
Un grand merci à Yui Hirabayashi, Rika Hatori,
　　　　　　　Maa Arai, Etsuko Kurihara
Un remerciement particulier à Noriyuki Nagai, Christine Ferber

道具のこと

お菓子作りには型をはじめ、用意しておくべきもの、あると便利な道具がいくつかあります。全部をそろえなくてもいいけれど、作りたいお菓子に合わせて少しずつ集めていくのも楽しみのひとつ。この本でも使っている、私たちの愛用の道具の一部をご紹介します。

混ぜる

左から→泡立て器はマトファーのものを愛用。お店を始めるときに新調してまだ一度も壊れていません。お菓子作りに欠かせない、しかも出番が多い道具なので、長く使えるいいものを選ぶといいです。ゴムベラは耐熱のものが大小あると便利。紫色のすくえるタイプは、液体をほんの少し加える、たらすなどの作業のときにも。スケッパーは切る、まとめる、寄せ集めるのに欠かせない道具。生地の厚さ、やわらかさなど、用途によって使い分けています。

ならす・ぬる

パレットは表面をならすときにあると便利な道具。持ち手の先が少し曲がっている方が、タルトのクレーム ダマンドを敷くときなどにも、クリームに持っている手がぶつからず、ぬりやすいです。まっすぐな方は、お菓子をお皿に移すときや生クリームをぬるときに使用。ケークやタルトの仕上げにコンフィチュールをぬるときは刷毛で。大きめの方がたっぷりコンフィチュールを含むのでぬりやすいです。

重さ、大きさをはかる

分量をはかるときはデジタル表示のはかりが一番。定規は生地の大きさや厚さをはかるとき、型のサイズを見直すときなどにも使用。

広げる・のばす

生地を広げ、のばす際に使うめん棒。長さによって使い分けると作業がしやすく便利です。

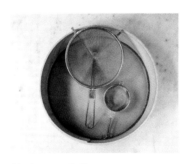

濾す・ふるう

粉類は必ずふるいにかけてから。アパレイユ（P95）などの液体は濾し器にかけると、なめらかな食感に仕上がります。濾し器もふるいもサイズ違いを用意しておくと分量によって使い分けができて作業がはかどります。

むく・くりぬく

果物の皮をむく、芯をくりぬくなどのときに。小型の果物ナイフ、芯くりぬき、ピーラーなど、部位によって使い分けると美しくむけるうえ、作業もはかどります。くりぬき器は、フルーツを丸くくりぬくときにも。

砕く、細かくする

バターケーキやサブレの生地に紅茶の茶葉やスパイスを混ぜ合わせるときには、ミルで細かく砕いてから。粉末にしたものは風味がとびやすいので、生地に合わせる直前に粉砕すると、風味も香りもいい具合に加わります。

切り取る

生地を丸く切りぬくときに便利なヴォロヴァン。生地の上にのせ、そのまわりに沿ってナイフをあてて切りぬきます。なければ、同じサイズのお皿でも代用可。

穴をあける

生地に穴をあける道具、ピケ。コロコロと転がすだけで一気に穴があけられます。もちろん、フォークであけるのでも。

混ぜる・練る・泡立てる

家庭用といってもなかなかの存在感があるミキサー。左の固定型のものはボウルを入れ替え、セットできるので安定感がありますが、置き場所も必要です。生地を混ぜる、練り合わせる、メレンゲや生クリームを泡立てるなど、お菓子作りに欠かせないいろいろを担ってくれます。手で持つタイプのハンドミキサーでも。右はハンドブレンダーでこちらもあると便利。

除菌する

常備している必須アイテムのひとつで、コンフィチュールを瓶詰めする際に使用しているアルコール製剤。除菌、消毒などに。パストリーゼ77など、食べ物に使用できる安全性の高いものを使用してください。

重石

タルトやパイ生地を焼くとき、生地のふくらみをおさえるためにのせる重石。製菓材料を扱うところでたいていは手に入ります。ストーンなどとも呼ばれ、グラムごとに販売されています。型のふちいっぱいまで重石を平らに敷き詰めて焼くので、ある程度の量が必要になります。

糖度をはかる

コンフィチュールを作る際、使用している糖度計。家庭で作る場合はご自身の好みでいいと思いますが、季節や、その時々の果物の糖度によって仕上がりに差が生じるので、自分なりの目安を決め、毎回、糖度計で砂糖の量を調整するようにしています。

煮る

コンフィチュールを煮るときは熱伝導率のいい銅鍋を使用しています。内側も銅の場合は、使用する前に必ず塩と酢を入れて洗ってから使うこと。内側がステンレス素材のものはそのまま使えるので気軽で便利です。

注ぐ

出来上がったコンフィチュールを瓶に注ぎ入れるときは、普通のお玉でもいいですが、レードルを使うと先がとがっているので注ぎやすいです。また、煮ている最中にアクをすくうのにもレードルの方が作業がしやすいのでおすすめ。

型いろいろ

大きさ、形、素材も含め、いろいろそろえておくと、同じ生地のものでも型を替えて焼くだけでまた違った表情を楽しめるし、お菓子作りの幅がぐんと広がります。ステンレス、シリコン、ブリキなど素材もいろいろ。チーズケーキにはステンレスを、スポンジを焼くときはブリキを使うと火の通りがよくきれいに焼き上がります。また湯煎焼きする場合や液だれするものの場合は共底の型を、タルトやパイは底がはずれるものや、リングで焼くと焼き上がったあとにはずしやすいです。

オーブンペーパー
シルパン

型や天板に敷いたりするオーブンペーパー。シルパンは、タルトリングにはめた生地を焼くときなどに天板の上にのせ、使用するシリコン製のシート。タルト生地の底を平らに焼き上げる、くっつかないなどの効果があります。

HÉRITER

エリテ

小麦粉、アーモンドプードル、バターで作る、
サクッとした食感のサブレ。
師匠から学んだフランス菓子の基礎を、
これからも継承（HÉRITER）していくプチフールセックの定番。
シンプルなナチュールの他、
紅茶の茶葉やココアやナッツを加えたバージョンも。
ハーブスパイスを加えた塩味のものはおやつにも、
ワインのお供にもいいですよ。

Hériter
エリテ

エリテ

材料（φ3cmの丸形約65個分）
発酵バター　200g
A
| 薄力粉（スーパーバイオレット120g、エクリチュール120g）　240g
| アーモンドプードル　70g
| 粉糖　70g
| 塩　1g
| バニラ（パウダー）　ひとつまみ
| 　★なければバニラオイル1滴を牛乳に加える。
牛乳　20g

1 ボウルにAを入れ、泡立て器で全体を混ぜてからふるいにかける。

2 バターは1cm角に切り、1に加える。

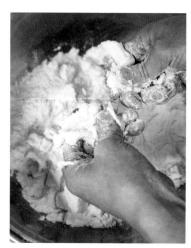

3 バターに1の粉類をまとわせ、指の腹でバターを押しつぶすように粉類になじませていく。手の平と指の腹を使ってすり合わせながら、さらさらとした砂のような状態にし、粉類にバターがまわってしっとりするまでなじませる。

4 バターと粉が一体化したら牛乳を加え、粉けがなくなり、ひとまとまりになるまで混ぜる。

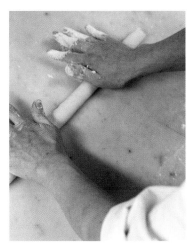

5 生地を4等分にし、打ち粉(分量外)をした台にのせる。両手で転がしながら直径3cm、長さ25cmほどにのばす(生地がどんどんやわらかくなっていくので手早く)。同様に4本作り、平らな板などで表面を整える。

6 バットなどにのせ、ラップをかけて冷蔵庫で3時間以上休ませる。

7 台にグラニュー糖適量(分量外)を細長く広げる。水にぬらして軽めにしぼったタオルの上で**6**を数回転がしてから、グラニュー糖の上で転がし、まぶしつける。

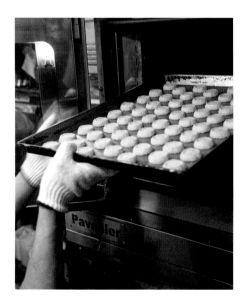

8 **7**を1.5cm長さに切る。端の残った生地は最後にまとめて同じように棒状にする。

9 天板の上にオーブンペーパーを敷き(家庭の天板の場合、敷いた方がくっつかず取り出しやすい)、間隔をあけながら(焼成時に広がるので)**8**を並べる。生地の真ん中を指で軽く押して成形する(押しすぎると広がりが大きくなるので注意)。

10
160℃のオーブンで20分ほど焼く(12分たったところで前後を入れ替えるとより良い)。完全に粗熱がとれたら乾燥剤とともに密閉容器またはジッパー付き食品保存袋に入れて保存する。

Hériter citron
エリテ シトロン

材料(φ3cmの丸形約65個分)

発酵バター　200g

A

　薄力粉(スーパーバイオレット120g、
　　エクリチュール120g)　240g

　アーモンドプードル　70g

　粉糖　70g

　塩　3g

レモン汁　20g

レモンの皮　3個分

作り方

1 「エリテ」の作り方**1〜3**(P12〜)と同様に作る。

2 レモンの皮はグレーターで削る。

3 「エリテ」の作り方**4**(P12〜)でレモン汁と**2**を加える。

4 「エリテ」の作り方**5〜10**(P12〜)と同様に作る。

★レモンに酸があるので、ボウルはガラス製またはプラスチック製のものを使用してください。

Hériter yogi

エリテ ヨギ

材料（φ3cmの丸形約65個分）
発酵バター　200g

A
薄力粉（スーパーバイオレット120g、
　エクリチュール120g）　240g
アーモンドプードル　70g
粉糖　70g
塩　2g
ヨギティー　6g

B
ヨギティー　4g
牛乳　40g

作り方
1　Aのヨギティーはミルで細かくし、粉類とともにふるいにかける。
2　「エリテ」の作り方**1〜3**（P12〜）と同様に作る。
3　小鍋にBの牛乳を沸かし、Bのヨギティーを加えて鍋をゆすってなじませる。火を止め、ふたをして5分ほど蒸らしてから濾し器で濾し、氷水をはったボウルに底をあてて冷やす。

4　「エリテ」の作り方**4**（P12〜）で**3**を加え混ぜる。
5　「エリテ」の作り方**5〜10**（P12〜）と同様に作る。

17

Hériter chocolat noix de cajou
エリテ ショコラ ノワ ド カジュー

材料（φ3cmの丸形約65個分）
発酵バター　200g
A
　薄力粉（スーパーバイオレット100g、
　　エクリチュール100g）　200g
　アーモンドプードル　40g
　カカオパウダー　40g
　粉糖　70g
　塩　2g
　バニラ（パウダー）　ひとつまみ
　　★なければバニラオイル1滴を牛乳
　　に加える。
カシューナッツ　110g
牛乳　15g

作り方
1 「エリテ」の作り方**1～3**（P12～）と同様に作る。

2 カシューナッツは刻み、「エリテ」の作り方**3**（P12～）の最後
に加え、ナッツが行き渡るように混ぜる。

3 「エリテ」の作り方**4～10**（P12～）と同様に作る。

Hériter salé
エリテ サレ

材料（φ3cmの丸形約65個分）
発酵バター　200g
A
　薄力粉(スーパーバイオレット120g、
　　エクリチュール120g)　240g
　アーモンドプードル　70g
　粉糖　30g
　塩　8g
　スパイスマジック　10g
牛乳　20g
オレガノ（ドライ）　適量

作り方
1「エリテ」の作り方 **1〜6**（P12〜）と同様に作る。
2「エリテ」の作り方 **7**（P12〜）の グラニュー糖をまぶす要領で
　オレガノをまぶしつける。円筒形にしてもいいし、2cm角に
　まとめて10cm長さのスティック状にしてもいい。

3「エリテ」の作り方 **8〜10**（P12〜）と同様に作る。
★スパイスマジックは15種のハーブとスパイスをブレンドした「蓼科 ハー
バルノート・シンプルズ」のオリジナル。素材の味を引き出してくれる万
能スパイスです。なければ、オレガノ、ガラムマサラなど、好みのハーブ
を組み合わせて！

CAKE
ケーク

洋酒漬けにしたドライフルーツや

紅茶、チョコレートなどを混ぜ込んだ、

しっとりした食感のバターケークなどのことを、

フランスでは「Gâteaux de voyage（ガトードゥボヤージュ）」といいます。

日ごとに生地に染み渡る

フルーツや洋酒の旨みを楽しむケーク。

コーヒー、紅茶はもちろん、ワインに合わせても。

Tentation de Whisky

タンタシオン ドゥ ウィスキー

ウィスキーの深みにはまり、行き着いたその先がコレ。その名も"ウィスキーの誘惑"。

タンタシオン ドゥ ウィスキー

材料(14.5×7×H5.5cmのパウンド型2本分)
発酵バター　70g
ショートニング　35g
塩　1g
上白糖　75g
卵　90g
A
　薄力粉　95g
　ベーキングパウダー　2.5g
B
　レーズン(ウィスキー漬けにしたもの・P27)　150g
　レーズンの漬け汁　5g
　ウィスキー　5g

下準備
◉ バターは常温にもどしておく。
◉ Aの薄力粉とベーキングパウダーは合わせてふるう。
◉ 型にショートニング(分量外)を薄くぬり、巻末の型紙に合わせて切ったオーブンペーパーを敷く。

1　ショートニングはミキサーで撹拌し、ダマがなくなったらバターと塩と砂糖を加えてさらに白っぽくなるまで撹拌する。

2 卵を1個ずつ加え、攪拌する。ボウルのまわりについた生地をスケッパーでまとめる（材料がきちんと混ざっていることが大切なので）。分離しそうになったら分量の粉類を少し加えて回避する。

3 ボウルにBを合わせ入れ、混ぜる。強力粉（分量外）を軽くふり入れ、粉けがなくなるまで混ぜる（レーズンの沈みをおさえる）。

4 2にAを加えてヘラまたはスケッパーに持ち替え、粉けがなくなるまでよく混ぜる。

5 3を加え、ヘラまたはスケッパーで混ぜる。

★お店では生地と具材をなじませるため、表面にぴったりラップをかけて冷蔵庫で3時間〜ひと晩休ませています。時間に余裕があるときにぜひ試してみてください。

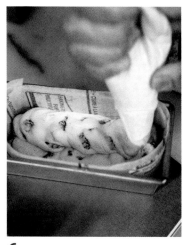  

6 型に生地を半量ずつ入れる。しぼり袋に生地を入れ、ふちに向かってしぼり入れる。パレットやヘラで表面を整え、型を上から軽く数回落として空気をぬく。

★型が大きい場合は、真ん中がふくらみすぎるので、真ん中を少しへこませて生地を入れると均一に焼き上がります。

7 160℃のオーブンで40〜45分焼く（30分たったところで前後を入れ替えるとより良い。生地がびっくりしないよう、やさしく行う）。

8
型からはずし、熱いうちに刷毛で表面にウィスキー10ml（分量外）をぬる（焼き上がってすぐの熱いうちにぬることでアルコール分がとび、香りが残る）。

ドライフルーツを洋酒に漬ける

ドライフルーツはぬるま湯で素早く洗い、ザルにとる(表面のオイルコーティングを取り除き、お酒を染みやすくする)。20〜30分おいてから保存容器に移し入れ、ひたひたくらいまで洋酒を注ぐ。数日後、ドライフルーツがお酒を吸って酒量が減るので再度ひたひたくらいまで洋酒を足す。最低でも2週間〜1カ月ほど漬けるのが理想的。お酒はウィスキー、ラム酒、キルシュ酒などがおすすめ。

★完全に冷めたら、アプリコットコンフィチュール(分量外・P140)をあたため、刷毛に含ませて表面に手早くぬり(P78・作り方4〜5)、ウィスキー漬けにしたレーズン(分量外)を飾っても。

優しいベルガモットの香りに、アプリコット&オレンジが爽やかさを後押しする
紅茶"ブルースター"を加えたケーク。

Gâteau earl grey bleu star
ガトー アールグレイ ブルースター

材料(14.5×7×H5.5cmのパウンド型2本分)

発酵バター　70g

ショートニング　35g

塩　1g

上白糖　75g

紅茶　2g

卵　90g

A

| 薄力粉　95g

| ベーキングパウダー　2.5g

B

| オレンジピール　75g

| セミドライアプリコット　25g

| コニャックオレンジ　10g

| ★なければグランマルニエ

◆仕上げ・飾り

アプリコットコンフィチュール(P140)
　適量

ドライオレンジスライス　適量

セミドライアプリコット　適量

エディブルドライフラワー　適量

下準備

◍バターは常温にもどしておく。

◍Aの薄力粉とベーキングパウダーは合わ
　せてふるう。

◍紅茶はミルにかけて細かくする。

◍Bのオレンジピールは細かく刻む。セミ
　ドライアプリコットは大きめに刻む。

◍型にショートニング(分量外)を薄くぬ
　り、巻末の型紙に合わせて切ったオー
　ブンペーパーを敷く(P24)。

作り方

1　「タンタシオン ドゥ ウィスキー」の作り方**1**〜**7**(P24〜)と同様
　に作る。

作り方**1**(P24〜)でバター
と塩と砂糖を加えて攪拌
し、より白っぽくなった
ところで紅茶を加えてさ
らに混ぜる。

作り方**3**(P24〜)でBをボウルに合わせ入れ、混ぜる。
強力粉(分量外)を軽くふり入れ、粉けがなくなるまで
混ぜる。

作り方**5**(P24〜)で生地に合わせたBを加え混ぜる。

2　型からはずし、熱いうちに刷毛で表面にコニャックオレンジ
　10ml(分量外)をぬる(焼き上がってすぐの熱いうちにぬること
　でアルコール分がとび、香りが残る)。

3　完全に冷めたら、アプリコットコンフィチュールをあたため、
　刷毛に含ませて**2**の表面に手早くぬる(P78・作り方**4**〜**5**)。
　ドライフルーツとエディブルドライフラワーを飾り、ドライ
　フルーツの上からもアプリコットコンフィチュールをやさし
　くぬる。

特別なノエルにみんなで分かち合う、
真っ赤なドライフルーツ入りのケーク。

Cake aux cerises
ケーク オ スリーズ

材料(14.5×7×H5.5cmのパウンド型2本分)
発酵バター　70g
ショートニング　35g
塩　Ig
上白糖　75g
シナモンパウダー　Ig
卵　90g
A
| 薄力粉　95g
| ベーキングパウダー　3g
B
| ドライクランベリー
| 　（キルシュ酒漬けにしたもの）　75g
| ドライチェリー
| 　（キルシュ酒漬けにしたもの）　75g
| ドライクランベリーの漬け汁　I0g
| キルシュ酒　I0g

◆仕上げ・飾り
アプリコットコンフィチュール(PI40)
　適量
粉糖　適量
ドライチェリー、ドライクランベリー
　各適量

下準備
・バターは常温にもどしておく。
・Aの薄力粉とベーキングパウダーは合わ
　せてふるう。
・型にショートニング（分量外）を薄くぬり、
　巻末の型紙に合わせて切ったオーブン
　ペーパーを敷く(P24)。

作り方
1 「タンタシオン ドゥ ウィスキー」の作り方**1**〜**7**(P24〜)と同様
　に作る。

作り方**1**(P24〜)でバター
と塩と砂糖を加えて攪拌
し、より白っぽくなったと
ころでシナモンパウダー
を加えてさらに混ぜる。

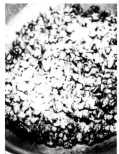

作り方**3**(P24〜)でBをボウルに合わせ入れ、混ぜる。
強力粉（分量外）を軽くふり入れ、粉けがなくなるまで
混ぜる。

作り方**5**(P24〜)で生地に
合わせたBを加え混ぜる。

2 型からはずし、熱いうちに刷毛で表面にヴェッキオサンペー
　リI0ml(PI40・分量外)をぬる（焼き上がってすぐの熱いうちに
　ぬることでアルコール分がとび、香りが残る）。
3 完全に冷めたら、アプリコットコンフィチュールをあたため、
　刷毛に含ませて**2**の表面に手早くぬる(P78・作り方**4**〜**5**)。
　または粉糖をふったり、グラスアロー(P50・作り方**11**〜**13**)
　をかけ、ドライフルーツを飾っても。
★φI5×H8cmのクグロフ型（写真P30）の場合、生地量は約450gになります。

バターケークとワインの話

バターケークにワインやアルマニャックなどの蒸留酒を合わせて食す楽しみを教えてくれたのは、鎌倉 由比ガ浜で90年以上続く老舗酒屋「鈴木屋酒店」の店主 兵藤 昭さん。今や取り扱っている商品はほぼヴァンナチュール（自然派ワイン）というここで、兵藤さんが合わせているものを見たり、聞いたり。はたまた、鎌倉で催されたワインのイベントでバニラのケークとアルマニャックのマリアージュのスイーツを作ったりしたこともきっかけ。アルマニャックのつくり手、ドメーヌ・ドレンサンが来日した際のデギュスタシオンでバニラの香料が効いたバウムクーヘンを一緒に食したのも感慨深く、インスパイアされたことのひとつでした。

バターケークはしっかりとしたバター生地に熟成されたフルーツの砂糖漬けが合わさり、一体化することでさらなる旨みの層をつくっていくもの。時間を重ねることでの味や芳香の変化もまたおもしろく、さまざまな角度から楽しめます。焼きたての軽めで甘やかなところにはフルーティーなワインを合わせ、時間の経過とともにワインもオレンジから赤といったマリアージュを楽しむのが、私たちのおすすめ。

ワインは好きだけれど、どういうものを合わせたらいいかわからない、またこういうお菓子や料理に合わせたい、なんてときには「鈴木屋酒店」でイメージを話して選んでもらうのが一番。私たちもよくそうやって、新しい扉を開けてもらっています。時々、逆挑戦状よろしく「このワインで何か作ってくださ〜い！」と言われることもあり、それを考え、試作するのもまた楽しい時間になっています。

写真のシリーズのバターケークに合わせたのは、イタリア・ヴェネト州のヴァンナチュール「L'Arco Valpolicella Ripasso（ラルコ ヴァルポリチェッラ リパッソ）」です。（N・Y）

ウィスキーとガトーのマリアージュ

ウィスキーをちびちび舐めながら洋酒漬けしたドライフルーツをたっぷり加えたバターケークや、アマゾンカカオ入りの大人な味わいのチョコレートケークを食べるひとときが最近の私たちのお気に入りの時間。いつもは「この配合はこうしたらいいんじゃない?」、「あれもおいしそうだよね」、「それならあれもいいかも!?」と、おいしいお菓子のことばかり話している私たちですが、ただひたすらお酒とガトーのマリアージュに浸る時間は、おいしいだけが頭を占領。何も考えず、まっすぐおいしさに向き合うゆったりとした時間を過ごしています。

ウィスキーを選ぶのは主人の役目。ウィスキーでドライフルーツを漬けたりしていたところから、いつしか深い味わいと食べ物との相性、余韻、香りに嵌まっていったようで、気付くと我が家にも、厨房の棚にもウィスキーが増え続けている日々(苦笑)。お互いのおいしいが増えていくことは、うれしく、ありがたいんですけれどもね……。(Y)

NIKKA WHISKY FROM THE BARREL、HIGHTLAND PARK12 VIKING HONOUR、ICHIRO'S MALT&GRAIN、BUFFALO TRACE、WILD TURKEY101など、愛飲しているウィスキー(ほんの一部)。

妻のワイン好きに釣られて、いろいろなお酒とお菓子を合わせているうちに、ウィスキーのおいしい深みに嵌まってしまいました。個性豊かなシングルモルトスコッチウィスキーは、僕のインスピレーションの源です(笑)。パンチのきいたバーボンウィスキー、オールマイティなブレンデッドスコッチウィスキー、繊細な味わいと香りのジャパニーズウィスキーといったそれぞれを、お菓子とどう組み合わせるかは、最近の楽しみのひとつでもあります。マリアージュは無限大!

P23で紹介しているケークのレーズンは、埼玉県秩父市でつくられている「ICHIRO'S MALT & GRAIN」に漬けたもので、日を追うごとに生地に旨みが染み渡っていくのがいい味わいになっているもの。それに追いウィスキーを加えるかのごとく、ちびりとやるのがおすすめです。今後は長熟やアイラウィスキーも探求していきたいです。あぁ、ウィスキーっていいですね。はやる気持ちをおさえつつ、妻のご機嫌もとりつつ、少しずつ、少しずつと自分に言い聞かせながらも増えていくボトルを前にニンマリしております。(N)

カラフルなドライフルーツを蒸留酒で漬け込む時間も、
焼き上がりのラムの甘〜く濃厚な香りをゆったりと味わうひとときも楽しみな、大人のケーク。

Cake Anglais
ケーク アングレ

材料(14.5×7×H5.5cmのパウンド型2本分)

発酵バター　70g

ショートニング　35g

塩　1g

上白糖　75g

卵　90g

A
| 薄力粉　95g
| ベーキングパウダー　3g

B
| レーズン
|　（ラム酒漬けにしたもの・P27）　45g
| ドライブルーベリー
|　（ラム酒漬けにしたもの）　20g
| ドライプルーン
|　（ラム酒漬けにしたもの）　20g
| ドライポワール
|　（ラム酒漬けにしたもの）　15g
| ドライフルーツミックス
|　（シロップ漬け・市販）　25g
| セミドライアプリコット　25g
| アンゼリカ　15g
| ドレンチェリー　15g
| ラム酒　9g

◆仕上げ・飾り

アプリコットコンフィチュール(P140)　適量

オレンジピール（スライス）、プルーン、ア
ンゼリカ（スライス）、クランベリー 、ド
レンチェリーなど、好みのドライフルーツ
　各適量

下準備

●バターは常温にもどしておく。

●Aの薄力粉とベーキングパウダーは合わ
　せてふるう。

●型にショートニング（分量外）を薄くぬり、
　巻末の型紙に合わせて切ったオーブン
　ペーパーを敷く（P24）。

作り方

1 「タンタシオン ドゥ ウィスキー」の作り方1〜7（P24〜）と同様
　に作る。

作り方3（P24〜）でBをボ
ウルに合わせ入れ、混ぜ
る。強力粉（分量外）を軽
くふり入れ、粉けがなく
なるまで混ぜる。

作り方5（P24〜）で生地に
合わせたBを加え混ぜる。

2 型からはずし、熱いうちに刷毛で表面にラム酒10ml（分量外）
　をぬる（焼き上がってすぐの熱いうちにぬることでアルコール
　分がとび、香りが残る）。

3 完全に冷めたら、アプリコットコンフィチュールをあたため、
　刷毛に含ませて2の表面に手早くぬる（P78・作り方4〜5）。
　ドライフルーツを飾り、ドライフルーツの上からもアプリコ
　ットコンフィチュールをやさしくぬる。

ラム酒漬けに使用しているラム酒。
NEGRITA、RHUM J.M VSOP、
MAISON LA MAUNY、
MAISON LA MAUNY VSOP。

ラム酒漬けにしたドライ
プルーン（左）とドライポ
ワール。

キャラメリゼしたりんごのおいしさをケークにとじ込めました。

Cake caramélisé aux pommes
ケーク キャラメリゼ オ ポンム

材料(14.5×7×H5.5cmのパウンド型5本分)
発酵バター　140g
ショートニング　70g
塩　1g
上白糖　120g
キャラメル サレ(P126)　120g
卵　180g
A
　│　薄力粉　190g
　│　ベーキングパウダー　6g
キャラメリゼ オ ポンム(P39)　全量
キャラメリゼ オ ポンムの煮汁(P39)　20g

下準備
❍バターは常温にもどしておく。
❍Aの薄力粉とベーキングパウダーは合わせてふるう。
❍型にショートニング(分量外)を薄くぬり、巻末の型紙に合わせて切ったオーブンペーパーを敷く(P24)。

作り方

1「タンタシオン ドゥ ウィスキー」の作り方1〜5（P24〜）と同様に作る。

作り方1（P24〜）でバターと塩と砂糖を加えて攪拌し、より白っぽくなったところでキャラメル サレを加えてさらに混ぜる（写真左）。
作り方5（P24〜）でキャラメリゼ オ ポンムの煮汁も加え混ぜ、ヘラまたはスケッパーで粉けがなくなるまで混ぜる（写真右）。

2 ペーパータオルの上にキャラメリゼ オ ポンムを並べて汁けをとり、型の底に6〜7個、底が平らになるように敷き詰める。

3 型に生地を5等分に入れる。パレットやヘラで表面を整え、型を上から軽く数回落として空気をぬく。

4 160℃のオーブンで40〜45分焼く（30分たったところで前後を入れ替えるとより良い。生地がびっくりしないよう、やさしく行う）。

5 熱いうちに表面に刷毛でカルヴァドス10ml（分量外）をぬる（焼き上がってすぐの熱いうちにぬることでアルコール分がとび、香りが残る）。完全に冷めるまで型のまま3時間ほどおく（下底のキャラメリゼ オ ポンムを美しく保つため）。

6 型からはずし、上面を少しカットして平らにし、底面が上になるようにひっくり返す。

キャラメリゼ オ ポンムの材料と作り方

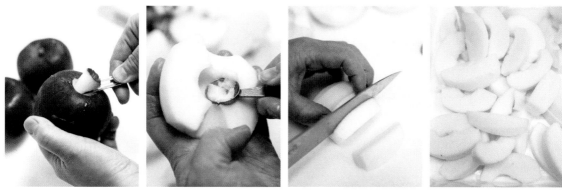

1 りんご(紅玉) 4個は芯を取り除き、皮をむいて半分に切る。くりぬき器(P7)で真ん中とまわりの芯をしっかりくり
　ぬき、6〜8等分に切る。

2 フライパンにグラニュー糖ときび砂糖各25g、発酵バター20gを入れ、火にかける。バターが溶けたらヘラで混ぜ、
　キャラメル色に色づいたらりんごとカルダモン3粒を加えて混ぜ、続けてバニラビーンズ⅛本のさやをさき、中を
　こそげてさやとともに加え混ぜる。

3 カルヴァドス20mlをまわしかけ、フランベする(火が上がるので火傷に気を付ける)。　4 バットに移し入れ、粗熱
　全体がなじんだら弱火にし、りんごがしんなりするまで煮る。　　　　　　　　　　　　　がとれたら表面にラップ
　　をかけておく。

ほろっとした口どけのチョコレートケークに、なめらかなショコラをまとわせました。

Notre gâteau au chocolat
ノートル ガトー オ ショコラ

材料(14.5×7×H5.5cmのパウンド型2本分)

発酵バター　70g

ショートニング　35g

塩　1g

上白糖　75g

卵　90g

A

| 薄力粉　75g

| カカオパウダー　19g

| ベーキングパウダー　2.5g

B

| オレンジピール　100g

| チョコチップ　40g

| ウィスキー　10g

◆仕上げ・飾り

好みのクーベルチュールチョコレート
　適量

カカオニブ　適量

下準備

◦バターは常温にもどしておく。

◦Aの薄力粉とカカオパウダー、ベーキングパウダーは合わせてふるう。

◦Bのオレンジピールは細かく刻む。

◦型にショートニング(分量外)を薄くぬり、巻末の型紙に合わせて切ったオーブンペーパーを敷く(P24)。

作り方

1 「タンタシオン ドゥ ウィスキー」の作り方**1〜7**(P24〜)と同様に作る。

作り方**3**(P24〜)でBをボウルに合わせ入れ、混ぜる。強力粉(分量外)を軽くふり入れ、粉けがなくなるまで混ぜる。

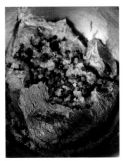

作り方**5**(P24〜)で生地に合わせたBを加え混ぜる。

2 型からはずし、熱いうちに刷毛で表面にウィスキー10ml(分量外)をぬる(焼き上がってすぐの熱いうちにぬることでアルコール分がとび、香りが残る)。

3 完全に冷めたら、仕上げのチョコレートを溶かし(P96・作り方**2**)、**2**の上からかけてカカオニブを散らす。

いろいろな型で焼いてみる

バターケークの生地をクグロフ型やデコ型（P9）などといった、いろいろな型で焼くと、シンプルなパウンド型とはまた違った表情が楽しめます。大きなパウンド型で焼いて切り分けたものを個包装してプレゼントしたりするのも。P30の「ケークオ スリーズ」のように赤い実のドライフルーツを使ったバターケークは、クグロフ型で焼くとクリスマスにぴったりの焼き菓子に変身します。（N・Y）

クグロフ型やマーガレット型で焼くときは……

1
発酵バター90gをポマード状になるまで混ぜてやわらかくし、強力粉30g（ともに分量外）を加え混ぜる。

2
刷毛で型に1を均一にていねいにぬり、冷蔵庫でバターがかたまるまでおく。

残ったバターケークの生地、どうする？

「残った生地、どうしよう…」もったいないけれど、面倒くさい。なんて思うことは日常
茶飯事。日々のごはん作りや友達とのごはん会のあとにもよくあることですが、自称余
りもの処理班の私は、決まりごとやかたちにとらわれることなく、自由な発想でむしろ
この状況を楽しむことにしています。"ひらめきはときめきへつながっている" をモット
ーに、残った生地で今日もあれやこれやと空想をかたちにしています。

ところで私はくるみ以外のナッツを生地に混ぜ込んで焼くことをほとんどしません。や
わらかくもどったような食感があまり好みではないから。でも、上にのせて焼くのは好き。
そんなわけで、余ったケークの生地を角型で薄く焼き、上に好みのナッツを並べて焼い
てみました。ナッツがなかったら、ベースを焼くだけでも十分においしいので、そのま
ま焼いてクリームチーズをのせたり、フルーツと一緒に食べたりしても。

ナッツのケークは切り分けてサッと包んで手土産にしたりするのもかわいいですよ。ほ
んの少しのアイデアや発想をかたちにすることが身近な人の笑顔につながるってことは、
日々のお菓子作りから学んだことのひとつです。（Y）

ガトー キャレ

材料（20cm角×H3.5cmの角型1台分）
ケークの生地（P24〜作り方 **1〜2**、**4**） ½量
クルミ、ヘーゼルナッツ、カシューナッツ、ペカンナッツなど好みのナッツ　適量

作り方
1 型にショートニング（分量外）を薄くぬり、オーブンペーパーを敷く。
2 ナッツ類は160℃のオーブンで10分ほど軽くローストする。粗熱がとれたら皮があるものはむく。
3 1に生地を敷き詰め、ナッツを好みの模様にのせる。
4 160℃のオーブンで20〜25分焼く（15分たったところで前後を
入れ替えるとより良い）。

3

Gâteau carré

WEEKEND

ウィークエンド

週末に大切な人と食べるお菓子として知られた
フランスの伝統的なバターケーク。
焦がしバターの香ばしさに加え、レモンの他、
季節によってはゆず、ココナッツとライムなどを合わせ、
風味や重なる味わいを楽しむ
スペシャルなレシピを考えてみました。

Weekend citrus
ウィークエンド シトラス

ウィークエンド シトラス

材料(14.5×7×H5.5cmのパウンド型4本分)
ゆずまたはレモンの皮　1個分
ゆずまたはレモンのしぼり汁　約½個分(23g)
日向夏ピール　40g
塩　1g
卵　200g
上白糖　140g
A
　薄力粉(エンジェライト)　150g
　ベーキングパウダー　2g
ブール ノワゼット(焦がしバター・P50)　132g

◆仕上げ
アプリコットコンフィチュール(P140)　適量
◆グラスアロー
粉糖　100g
B
　グラニュー糖　135g
　水　100g

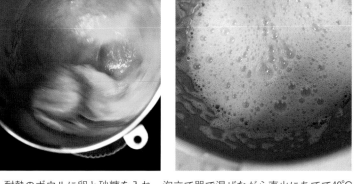

下準備
● やわらかくした発酵バターに強力粉を
　ふり入れ、混ぜたものを型にまんべん
　なくぬる(分量外・P42参照)。
● 日向夏ピールは細かく刻む。
● Aの薄力粉とベーキングパウダーは合わせてふるう。

1 ゆずは皮をグレーターで削る。実は濾し器をあてながらしぼり、日向夏ピールと塩を加え混ぜる。

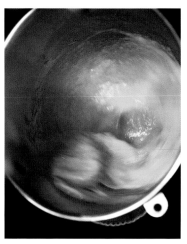

2 耐熱のボウルに卵と砂糖を入れ、泡立て器で混ぜながら直火にあてて40℃くらいになるまであたためる。

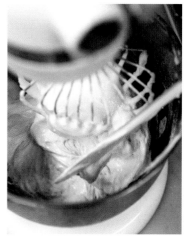

3 火からおろし、ミキサーを中高速にしてさらに混ぜる（全体に白っぽくなり、生地を落としたときリボン状になった線がなかなか消えないくらいまで）。

4 Aを加え、ミキサーを低速にして混ぜる（途中、ミキサーを止めてヘラでボウル内の粉をまとめる）。

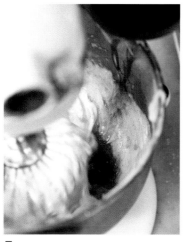
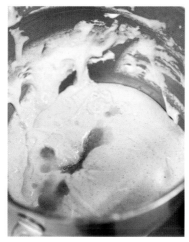

5 ブール ノワゼットをあたためてから加え混ぜる。

6 ヘラに持ち替えて1を加え混ぜる。

7 型に生地を4等分に入れ、上から軽く数回落として空気をぬく。

8 150℃のオーブンで25〜30分焼く。熱いうちに型から取り出し、逆さにして網の上で冷ます。

9 粗熱がとれたら盛り上がっている上部分を削ぎ、下部分の四方を斜めに削ぎ切る。

10 アプリコットコンフィチュールをあたため、9の表面に手早くぬる（P78・作り方4〜5）。

11 グラスアローの粉糖をボウルに
ふるい入れる。

12 小鍋にBを入れ、ひと煮してシ
ロップを作る。11に少しずつ
加え、トロッとするまでゴムベ
ラで混ぜる(湿度にもよります
が、シロップは約70gを目安に
加えて調整してください)。

13 12があたたかいうちに刷毛に
含ませ、10の全体に手早くぬる。
★レモン汁を数滴加えるとさわや
かな仕上がりになります。

ブール ノワゼット(焦がしバター)の作り方

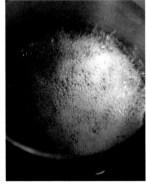

1
鍋に発酵バター160gを入れ、
火にかける。ヘーゼルナッ
ツの皮のような色になり、
香ばしい香りがしてくるま
で泡立て器で混ぜながら火
にかけ、粗めの泡が細かく
なり、色づきはじめたら火
を止める。

2
濾し器で濾し、ボウルの底
に冷水をあて、粗熱をとる。
使用するときは必ずあたた
めてから加えるようにする
(40〜50℃が理想的な温度)。

14　ハーブやエディブルフラワー(分量外)を飾る。

Weekend coco citrus
ウィークエンド ココ シトラス

材料(14.5×7×H5.5cmのパウンド型4本分)
ライムの皮　1個分
ライムのしぼり汁　30g
塩　1g
卵　200g
上白糖　100g
きび砂糖　40g
ココナッツファイン(P139)　24g
A
　薄力粉(エンジェライト)　150g
　ベーキングパウダー　2g
B
　ココナッツオイル　33g
　ブール ノワゼット(焦がしバター・P50)
　　66g
　太白ごま油、またはサラダ油　33g

◆仕上げ
　アプリコットコンフィチュール(P140)
　グラスアロー(P48)

下準備
●やわらかくした発酵バターに強力粉をふり入れ、混ぜたものを
　型にまんべんなくぬる(分量外・P42参照)。
●Aの薄力粉とベーキングパウダーは合わせてふるう。

作り方
1 ライムはよく洗って皮をグレーターで削る。実は濾し器をあ
　てながらしぼり、塩を加え混ぜる。
2 「ウイークエンド シトラス」の作り方**2～4**(P48～)と同様
　に作る。作り方**2**できび砂糖も加える。
3 **2**にBを加え混ぜる。

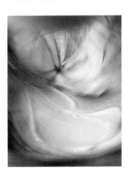

4 ヘラに持ち替えて**1**を加え混ぜてから、ココナッツファイン
　を加え混ぜる。

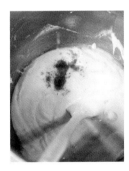 

5 「ウイークエンド シトラス」の作り方**7～13**(P48～)と同様に
　作り、下部分にココナッツファイン適量(分量外)をまとわせる。

GÂTEAUX AU FROMAGE
ガトー オ フロマージュ

クリームチーズに少し酸味のあるチーズ "クレーム エペス" を加え、
ふわふわの卵白と合わせて湯煎焼きした、
かろやかなチーズケーキ。
底部分にパートシュクレを敷いて焼くので、
サクッとした食感とふんわりチーズ生地の両方を味わえます。

Gâteau au fromage

ガトー オ フロマージュ

材料（φ15×H5.5cmのステンレスデコ型1台分）
パート シュクレ（P73～）　80g（約⅙量）
牛乳　135g
発酵バター　36g
上白糖　20g
卵黄　48g
A
｜薄力粉、コーンスターチ　各5g
クリームチーズ　160g
クレーム エペス（P138）　30g
卵白　46g
グラニュー糖　33g

下準備
◉Aの薄力粉とコーンスターチは合わせてふるいにかける。

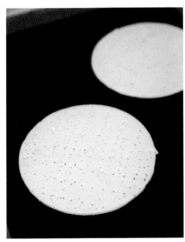

1　パート シュクレはめん棒で3mm厚さにのばし、全体にフォークまたはピケで穴をあける。直径15cmのセルクル型または丸型でくりぬき、シルパンを敷いた天板にのせ、170℃のオーブンで18分焼く（6分たったところで前後を入れ替えるとより良い）。

2　鍋に牛乳とバターを入れ、分量の砂糖をひとつまみ加えて火にかける。

3　ボウルに残りの砂糖と卵黄を入れ、泡立て器で混ぜる。砂糖が溶けたらAを加え混ぜる。

4 **2**が煮立ったら**3**に⅓量加え混ぜる。完全に混ざったら残りの**2**も加え混ぜ、濾し器で濾し、鍋に戻し入れる。

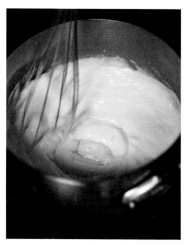  

5 **4**を弱火にかけ、泡立て器で手早く混ぜる。もったりしたらクリームチーズとクレーム エペスを合わせたボウルに加え、クリームチーズのダマがなくなるまでさらに混ぜる。

6 ボウルに卵白を入れ、グラニュー糖を3回に分けて加えながらピンと角が立つまで泡立てる。

7 **5**に**6**を⅓量加え、やさしく混ぜる。全体が合わさったら残りの**6**を加えてやさしく混ぜる。

8 ゴムベラに持ち替え、底からすくうようにていねいにしっかり混ぜる。

9 型にバター（分量外）をぬり、底にオーブンペーパーを敷く。1を型に合わせて削り、底に敷く。

10 8の生地を型に入れ、スケッパーやヘラで表面を整える。

11
型を上から軽く数回落として空気をぬく。バットに型を入れ、型の⅓ほどの高さまで60℃くらいの湯をはる。150℃のオーブンで15分、扉を開け、蒸気をにがしてさらに15分、再び蒸気をにがしてさらに10分湯煎焼きする。粗熱がとれたらラップをかけて冷蔵庫でひと晩休ませる。

Fromage cuit fraises
フロマージュ キュイ フレーズ

材料
（φ15×H5.5cmのステンレスデコ型1台分）
パート シュクレ（P73〜） 80g（約1/10量）
牛乳 135g
発酵バター 36g
上白糖 20g
卵黄 48g
A
│ 薄力粉、コーンスターチ 各5g
クリームチーズ 160g
クレーム エペス（P138） 30g
卵白 46g
グラニュー糖 33g
フリーズドライいちご（ピース） 5g

下準備
◉ Aの薄力粉とコーンスターチは合わせてふ
るいにかける。

作り方
1 「ガトー オ フロマージュ」の作り方**1**（P57）
と同様に底部分になる生地を焼く。
2 「ガトー オ フロマージュ」の作り方**2〜11**
（P57〜）と同様に作る。

作り方**9**でパート シュクレ
の上にフリーズドライい
ちごを半量散らす。

作り方**10**で生地を半量入れ、残りのフリーズドライい
ちごを散らす。残りの生地を上からやさしく入れ、ヘ
ラで表面を整える。

シュトロイゼルの材料と作り方

材料(作りやすい分量)

A
　きび砂糖、またはグラニュー糖　50g
　塩　2g
　発酵バター　50g
アーモンドプードル　50g
薄力粉(エクリチュール)　50g

作り方

1 Aのバターは常温にもどし、やわらかくしておく。

2 ボウルにAを入れ、混ぜる。

3 アーモンドプードルを加え混ぜる。薄力粉を加え、バターと粉類を指の腹ですり混ぜる(ポロポロになり、手でギュッと握るとかたまり、それをほぐすとポロッとくずれるくらいまで)。

「フロマージュ オリエンタル」(P60)と「タルト オ フィグ」(P84)のシュトロイゼルは、Aにシナモンパウダー2gを加えて作ります。

「タルト シュトロイゼル オ ポワール」(P80)のシュトロイゼルは、きび砂糖とグラニュー糖を半量ずつの配合にするとよりコクと旨みが増します。

「タルト オ マロン」(P86)のシュトロイゼルは、アーモンドプードルとヘーゼルナッツパウダーを各25gにして作ります。ヘーゼルナッツパウダーがなかったらヘーゼルナッツをミルにかけたものを使用してもいいです。

★ジッパー付き食品保存袋に入れて冷凍庫で1カ月保存可。

オレンジやシナモンの香りと味わいが折り重なり、広がるオリエンタルなフロマージュ キュイ。

Fromage oriental
フロマージュ オリエンタル

材料（φ15×H5.5cmのステンレスデコ型
　1台分）
パート シュクレ（P73〜）　80g（約⅒量）
はれひめの皮　½個分
牛乳　135g
シナモンスティック　½本
発酵バター　36g
上白糖　20g
卵黄　48g
A
｜薄力粉、コーンスターチ　各5g
クリームチーズ　160g
クレーム エペス（P138）　30g
卵白　46g
グラニュー糖　33g
シナモンパウダー　2g

◆仕上げ
シュトロイゼル（P61）　適量
粉糖　適量
はれひめの皮（削ったもの）　少々

下準備
●Aの薄力粉とコーンスターチは合わせ
てふるいにかける。

作り方

1 「ガトー オ フロマージュ」の作り方**1**（P57〜）と同様に底部分に
なる生地を焼く。

2 はれひめはよく洗い、グレーターで皮を削る。

3 鍋に牛乳とシナモンスティックを入れ、火にかける。煮立っ
たらバターと分量の砂糖ひとつまみを加え、バターが完全に
溶け、再び沸くまで火を入れる。

4 「ガトー オ フロマージュ」の作り方**3〜11**（P57〜）と同様に作る。

作り方**4**（P57〜）で、生地を
濾し器で濾してからオレン
ジの皮を加える。

作り方**7**（P57〜）で、卵白と
シナモンパウダーを加え混
ぜる。ある程度混ざったら、
ゴムベラに持ち替え、てい
ねいに混ぜる。

作り方**11**（P57〜）で、型を
上から軽く数回落として空
気をぬき、表面にシナモンを
混ぜ合わせたシュトロイゼ
ルを散らす。

5 粗熱がとれたら型からはずして粉糖をふり、はれひめの皮を
削ったものを散らす。

想像力がわき立つ素材のひとつ、コーヒー。その秘めた魅力は無限大。
カルダモンとコーヒーの香りのマリアージュを楽しんでください。

Fromage infinité
フロマージュ アンフィニテ

材料（φ15×H5.5cmのステンレスデコ型
　1台分）
パート シュクレ（P73〜）　80g（約1/10量）
コーヒー豆（P140）　5g
カルダモン　3粒
牛乳　155g
発酵バター　36g
上白糖　20g
卵黄　48g
A
｜薄力粉、コーンスターチ　各5g
クリームチーズ　160g
クレーム エペス（P138）　30g
卵白　46g
グラニュー糖　33g

下準備
●Aの薄力粉とコーンスターチは合わせて
　ふるいにかける。

1　「ガトー オ フロマージュ」の作り方**1**（P57〜）と同様に底部分に
　　なる生地を焼く。
2　コーヒー豆とカルダモンはミルで細かくする。

3　鍋に牛乳を沸かし、**2**を加える。火を止め、軽く混ぜてから
　　ふたをして5分おく。

4　**3**を濾し器で漉す（最後の1滴までヘラで押してギュッとしぼ
　　る）。鍋に戻し入れ、バターと分量の砂糖をひとつまみ加える。

5　「ガトー オ フロマージュ」の作り方**3〜11**（P57〜）と同様に
　　作る。
6　粗熱がとれたら、型からはずしてコーヒー豆とカルダモン（と
　　もに分量外）を飾る。

このフロマージュ キュイは、私たちのスタンダード。
白ワインとスウィート スプリングのコンフィチュールでほっとする味わい。

Fromage cuit et vin d'alsace
フロマージュ キュイ エ ヴァンダルザス

材料（φ15×H5.5cmのステンレスデコ型
　1台分）
パート シュクレ（P73〜）　80g（約1/10量）
白ワイン　135g
発酵バター　36g
上白糖　20g
卵黄　48g
A
｜ 薄力粉、コーンスターチ　各5g
クリームチーズ　190g
卵白　46g
グラニュー糖　33g
レーズン　適量

◆仕上げ
スウィート スプリング エ ヴァン ブラン
　（コンフィチュール）（P122）　適量

下準備
●Aの薄力粉とコーンスターチは合わせて
　ふるいにかける。

作り方
1「ガトー オ フロマージュ」の作り方**1**（P57〜）と同様に底部分
　になる生地を焼く。
2「ガトー オ フロマージュ」の作り方**2〜11**（P57〜）と同様に
　作る。

作り方**2**（P57〜）で牛乳を白ワインに置き換え、作る。
鍋に白ワイン、バター、分量の砂糖ひとつまみを入れ、
火にかける。

作り方**10**（P57〜）で生地を流し込む前、底にレーズン
を散らす。

3 食べる直前にスウィート スプリング エ ヴァン ブランをかける。

ロックフォールチーズのコクと旨みを後押しするはちみつ、
馬告のレモングラスのような爽やかな味わいがWで華を添えます。

Bâton de roquefort
バトン ドゥ ロックフォール

材料(20cmの角型1台分)
パート シュクレ(P73〜)　120g(約⅙量)
牛乳　135g
発酵バター　36g
上白糖　20g
卵黄　48g
A
│ 薄力粉、コーンスターチ　各5g
B
│ ブルーチーズ(ロックフォール)　35g
│ クリームチーズ　135g
│ クレーム エペス(P138)　30g
卵白　46g
グラニュー糖　34g

◆仕上げ
馬告(マーガオ・P139)　適量
はちみつ　適量

下準備
●Aの薄力粉とコーンスターチは合わせて
　ふるいにかける。

作り方

1「ガトー オ フロマージュ」の作り方**1**(P57〜)と同様に底部分
　になる生地を焼く。

2 ボウルにBを合わせ入れる。

3「ガトー オ フロマージュ」の作り方**2〜11**(P57〜)と同様に
　作る。

作り方**5**(P57〜)で、**2**を加
え混ぜる。

作り方**10**(P57〜)で型に入
れる。

作り方**11**(P57〜)と同様に焼く。

4 粗熱がとれたら、仕上げに馬告を挽いてはちみつをたらす。

TARTE
タルト

一見、難しそうですが、

パート シュクレとクレーム ダマンドを覚えてしまえば、

あとは上にのせるフルーツを楽しむのみ。

いろいろな味わいが展開できます。

サクッと軽いパート シュクレに、

しっとりクリーミーなクレーム ダマンドを重ね、

フルーツをたっぷり、モリモリにのせるのがボングゥ流。

Amandine

アマンディーヌ

材料（φ12cm×H2cmのタルトリング1台分）
パート シュクレ（P73〜）　80g（約1/10量）
クレーム ダマンド（P76〜）　80g（約1/10量）
アーモンドスライス（生）　適量
アプリコットコンフィチュール（P140）　適量
★φ16cmのタルトリングの場合、パート シュクレは120g、クレーム ダマンドは150g
になります。

パート シュクレ（アーモンド入りサブレ生地）を作る

材料（作りやすい分量）
A
　アーモンドプードル　42g
　粉糖　140g
B
　薄力粉　333g
　ベーキングパウダー　1.2g
発酵バター　200g
塩　1.2g
卵　60g

下準備
◉ 卵とバターは常温にもどす。
◉ タルトリングの内側にバター（分量外）を適量ぬる。

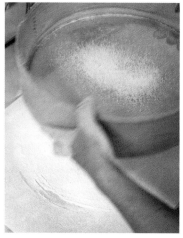  

1 Aはふるいにかける。Bはよく混ぜてからふるいにかける。

2 バターはヘラでポマード状にする。

3 2に塩を加え混ぜ、Aを加えて粉けがなくなるまでしっかり混ぜる。

4 3に溶きほぐした卵を3回に分けて加え、ヘラで混ぜる。1回ずつ、卵が混ざったのを確認してから次の溶き卵を加え混ぜる。

5 Bを⅓量加え、ヘラでさっくり混ぜる。しっかり混ざったら残りのBを加え、粉けがなくなるまで混ぜる。

6 5の生地を平たくしてラップで包み、冷蔵庫でひと晩おく。

7 6の生地を15cm角くらいにめん棒でのばす(縦横均一になるように)。

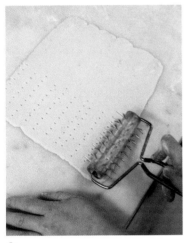 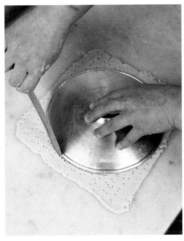

8 7の生地にピケまたはフォークで全体に穴をあける。

9 生地にヴォロヴァン(P8・なければ直径15cmの皿で代用可)をおき、ヘラなどを使って丸く型をぬく。折り曲げやすいくらいのかたさになるまで冷蔵庫で冷やす。

 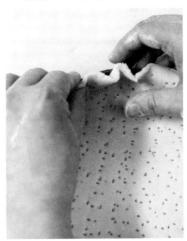 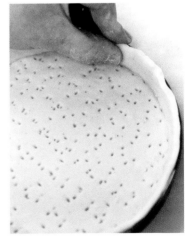

10 型に生地をそっとおき、指で空気を抜きながら生地を敷き詰める。底部分と立ち上がり部分が垂直になるようにしっかり合わせ、上に上がっている生地を下に下ろすようにしながら敷き詰める(グルテンが出やすいので生地をいじりすぎず手早く行う。やわらかくなりすぎたら冷蔵庫で再び冷やしてから作業すると良い)。

11 上にはみ出ている生地をナイフで削ぎ落とし、冷蔵庫で30分ほど休ませる(写真中が上面、写真右は下面)。

クレーム ダマンド(アーモンドクリーム)を作る

材料(作りやすい分量)
発酵バター　200g
A
　粉糖　200g
　アーモンドプードル　200g
　バニラパウダー　1g
卵　170g
薄力粉　26g

下準備
⦿ バターは常温にもどす。
⦿ 卵は常温にもどし、溶きほぐす。

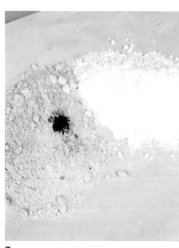

1 Aを合わせてふるいにかける。

2 バターは泡立て器でやわらかくなるまで混ぜる。

3　2に1を半量加えて混ぜる。粉けがなくなりなじんだら、溶き卵を半量加えて混ぜる。

4　卵がしっかり混ざったら残りの1を加え、混ぜる。粉けがなくなったら残りの溶き卵を加えて混ぜる。

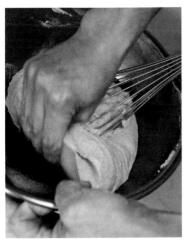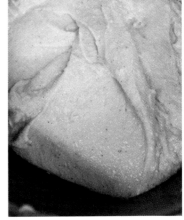

5　ボウルのまわりについた生地をスケッパーできれいに落とし、まとめる。

6　薄力粉をふるいにかけて5に加え、粉けがなくなるまで混ぜる。ひとまとめにし、ラップをかけて冷蔵庫で1時間ほど休ませる。

焼く・仕上げ

1 鉄板にシルパン(P9)を敷き、パート シュクレをのせてクレーム ダマンドを敷き詰める。クレーム ダマンドをある程度入れてから生地に対して平行にパレットをやさしく動かし、平らにならす。
★クレーム ダマンドがかたい状態でこねまわすと生地がよれるので気を付ける。

2 アーモンドスライスを表面に散らす。または放射状に並べる。

3 160℃のオーブンで40分焼く(30分たったところで前後を入れ替えるとより良い)。焼き上がったら型からはずし、網にのせて粗熱をとる。

4
アプリコットコンフィチュールを鍋に入れ、鍋肌を混ぜながら加熱する。鍋中がフツフツし、ゴムベラを持ち上げたときにコンフィチュールがとどまるくらいまで混ぜながらあたためる。

5 刷毛にコンフィチュールを含ませ、**3**の表面に刷毛をおいていくようにしてぬる。
　★この作業はできるだけ急いでサクサクやること。
　★好みでまわりに粉糖をふっても。

6 網にのせ、表面が乾くまでおく。

★パート シュクレとクレーム ダマンドは作りやすい分量です。残った生地とクリームはそれぞ
れラップに包み、ジッパー付き食品保存袋に入れて冷蔵庫で1週間、冷凍庫で2週間保存可能。
冷凍保存した場合、使用する前日に冷蔵庫に移し入れ、解凍してから使ってください。

Torte streusel aux poires

タルト シュトロイゼル オ ポワール

材料（φ16cm×H2cmのタルト型1台分）
パート シュクレ（P73〜）　120g（約⅙量）
クレーム ダマンド（P76〜）　150g（約⅕量）
ポワールのシロップ煮（P83）　4切れ
シュトロイゼル（P61）　100g
アーモンドスライス（生）　適量

＊仕上げ
アプリコットコンフィチュール（P140）　適量
ピスタチオ（刻んだもの）　少々
粉糖　適量

1 P78を参照にパート シュクレにクレーム ダマンドを敷き詰める。

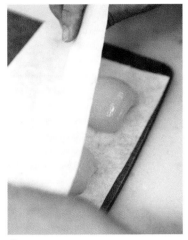

3 端はやや厚め（5mm強）、真ん中は薄め（約5mm）にスライスする。

2 ポワールのシロップ煮をペーパータオルにのせ、汁けをしっかりとる。

4 ポワールを手で斜めに倒してずらし、パレットにのせて**1**のクレーム ダマンドの上に放射状にのせる。

5 あいているところにシュトロイゼルをのせ、その上にアーモンドを飾る。

6 160℃のオーブンで40分焼く（30分たったところで前後を入れ替えるとより良い）。焼き上がったら型からはずし、網にのせて粗熱をとる。アプリコットコンフィチュールをあたため、ポワールの表面にぬる（P78〜・作り方**4〜5**）。まわりに薄く粉糖をふり、アーモンドの上にピスタチオを散らして仕上げる。

ポワールのシロップ煮の材料と作り方

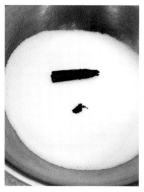

1 ボウルにグラニュー糖200gとバニラビーンズ¼本の種
をこそげ、さやとともに入れ、泡立て器で混ぜ合わせる。

2 鍋に1とポワールの缶詰2600g（固形1440g）を入れ、火にかける。時々ヘラで混ぜな
がら煮、出てきたアクは取り除く。鍋のまわりから全体に煮立ったら火を止めてオー
ドヴィー・ポワール40mlを加える。

3 粗熱がとれたら密閉容器に移し入れ、冷蔵庫で1週間保
存可。

Tarte aux figues
タルト オ フィグ

材料(φ16cm×H2cmのタルト型1台分)
パート シュクレ(P73〜) 120g(約⅙量)
クレーム ダマンド(P76〜) 150g(約⅕量)
いちじくの赤ワイン煮(下記参照)
　3〜4個
シュトロイゼル(P61) 100g
シナモンパウダー 1g

◆仕上げ
アプリコットコンフィチュール(P140)
　適量
バニラビーンズのさや 1本
カルダモン 適量
スターアニス 適量
シナモンスティック 1本

作り方

1 P78を参照にパート シュクレにクレーム ダマンドを敷き詰める。

2 いちじくの赤ワイン煮を3〜4等分の輪切りにし、ペーパータオルにのせて汁けをしっかりとる。

3 シュトロイゼルにシナモンパウダーを混ぜ合わせ、1の上に半量を広げる。いちじくをのせ、すき間に残りのシュトロイゼルを敷き詰める。

4 160℃のオーブンで40分焼く(30分たったところで前後を入れ替えるとより良い)。焼き上がったら型からはずし、網にのせて粗熱をとる。

5 アプリコットコンフィチュールをあたため、いちじくの表面にぬる(P78〜・作り方4〜5)。乾いたらバニラビーンズのさや、カルダモン、スターアニス、シナモンスティックを飾る。

いちじくの赤ワイン煮の材料と作り方

1
ボウルにグラニュー糖350gとバニラビーンズ¼本の種をこそげ、さやとともに入れて泡立て器で混ぜ合わせる。

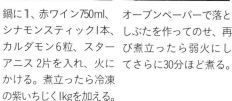

2
鍋に1、赤ワイン750ml、シナモンスティック1本、カルダモン6粒、スターアニス2片を入れ、火にかける。煮立ったら冷凍の紫いちじく1kgを加える。

3
オーブンペーパーで落としぶたを作ってのせ、再び煮立ったら弱火にしてさらに30分ほど煮る。

★粗熱がとれたら密閉容器に入れ、冷蔵庫で1週間保存可。
★いちじくは、身がしまっていて煮くずれしにくい、フランス産の紫いちじく(冷凍)を使用しています。
★同郷のもの同士を合わせるのが私たちの信条。というわけで、フランス産の赤のヴァンナチュールで、フランス産の紫いちじくを煮ています。
★煮汁は2〜3回使えます。これでポワールを煮てコンポートを作れば、きれいなピンク色に！コンフィチュールを作るときに赤ワイン代わりに加えても。煮詰めて、肉のソースにしたり、そのままホットワインとして飲んでもいいので、赤ワインはちょっと贅沢して好みのものを使いましょう。

Tarte aux marrons
タルト オ マロン

材料（φ16cm×H2cmのタルト型1台分）
パート シュクレ（P73〜）120g（約⅙量）
クレーム ダマンド（P76〜）150g（約⅕量）
栗のシロップ煮（下記参照）6粒
ヘーゼルナッツパウダー入りシュトロイ
　ゼル（P61）100g

◆仕上げ
粉糖　適量

作り方

1 P78を参照にパート シュクレにクレーム ダマンドを敷き詰める。

2 栗のシロップ煮はペーパータオルにのせ、汁けをしっかりととってから半分に切る。

3 **1**の上に**2**を並べ、すき間にシュトロイゼルを詰める。

4 160℃のオーブンで40分焼く（30分たったところで前後を入れ替えるとより良い）。焼き上がったら型からはずし、網にのせて粗熱をとる。好みでアプリコットコンフィチュールをあたため、栗の表面にぬり（P78〜・作り方**4〜5**）、粉糖をまわりにふる。

栗のシロップ煮の材料と作り方

1
ボウルにグラニュー糖ときび砂糖各100gとバニラ
ビーンズ¼本の種をこそげ、さやとともに入れ、
泡立て器で混ぜ合わせる。

2

鍋に水1カップと**1**を入れ、火にかける。沸いて
きたら泡立て器で混ぜながら20〜30秒煮立てる。

3

栗の渋皮煮3500g（固形1900g）を加え、再び煮立った
ら鍋中が動かないくらいの弱火にし、15分ほど煮る。

★粗熱がとれたら密閉容器に入れ、冷蔵庫で1週間保存可。

Tarte aux pommes et aux noix
タルト オ ポンム エ オ ノア

材料（φ16cm×H2cmのタルト型1台分）
パート シュクレ（P73〜）120g（約1/6量）
クレーム ダマンド（P76〜）150g（約1/5量）
キャラメリゼ オ ポンム（P39）150g
シュトロイゼル（P61）100g
くるみ（生）30g

作り方
1 P78を参照にパート シュクレにクレーム ダマンドを敷き詰める。
2 キャラメリゼ オ ポンムをペーパータオルにのせ、汁けをしっかりとる。くるみは160℃のオーブンで10分ほど軽くローストする。
3 1の上にシュトロイゼルと2のくるみを1/2量ずつ散らす。

4 キャラメリゼ オ ポンムを放射状にのせ、残りのシュトロイゼルと2のくるみを散らす。

5 160℃のオーブンで40分焼く（30分たったところで前後を入れ替えるとより良い）。焼き上がったら型からはずし、網にのせて粗熱をとる。

Florentin
フロランタン

材料（φ5.2cmのフロランタン型
18個分）
パート シュクレ(P73〜)
200g(約¼量)

◆フロランタン
発酵バター　25g
グラニュー糖　38g
はちみつ　12g
水飴　12g
生クリーム(42%)　25g
アーモンドスライス(生)　45g

作り方

1 パート シュクレをめん棒で
5mm厚さにのばす。直径5cm
の丸型で抜き、フォークまた
はピケで全体に穴をあける。

2 フロランタン型に**1**を入れ、
160℃のオーブンで10分、半
焼きにする。

3 鍋にフロランタンの材料を入
れ、火にかける。ゴムベラで
時々混ぜながら火を入れ、水
分が蒸発してアイボリー色に
なったら火を止め、アーモン
ドを加えてやさしく混ぜる。

4 **2**に**3**を適量ずつスプーンで
のせる。

★パート シュクレにのせず、その
ままフロランタンだけで焼いても
おいしいです。
★焼き上がったパート シュクレの
生地が冷めている場合は作り方**5**
の焼き時間がもう少しかかります。
★フロランタンにオレンジピール
やカカオニブを加えてもおいしい
です。

5 160℃のオーブンで12〜15分、
キャラメル色の焼き色がつく
まで焼く。

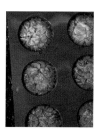

Clafoutis aux cerises
クラフティ オ スリーズ

Clafoutis aux cerises et au chocolat
クラフティ オ スリーズ エ オ ショコラ

材料（φ11×H2.5cmのクラフティ型3台分）
パート シュクレ（P73〜）　180〜200g（約¼量）
サラダ油　適量
溶き卵　適量

◆アパレイユ（卵液）
卵　1個
卵黄　1個分
生クリーム（35％、なければ42％）　130g
A
│ 薄力粉　5g
│ グラニュー糖　19g
ガーネット（さくらんぼのコンフィチュール・P112）　60g
★「クラフティ オ スリーズ エ オ ショコラ」の場合は、上記の材料＋ブラックチョコレート（P139)25gを用意する。

下準備
◉Aの薄力粉はふるいにかけ、グラニュー糖と合わせておく。
◉卵は常温にもどす。

作り方

1 パート シュクレをめん棒で型のサイズより少し大きめの4〜5mm厚さにのばし、フォークまたはピケで全体に穴をあける。

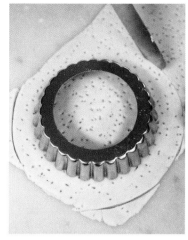

2 クラフティ型を逆さまにし、立ち上がり部分も考慮して生地を切る。

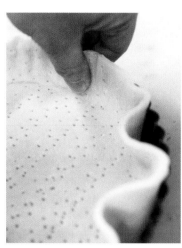

3 型に刷毛で薄くサラダ油をぬり、空気が入らないように型に沿って生地をしっかり敷き込んでいく。できるだけ生地の厚さを均等にし、はみ出した上部分はヘラで切り落とす。

4 オーブンペーパーをタルト型の底よりひと回り大きな丸形に切り、全体に切り込みを入れる（P100・作り方6）。3に敷き込み、アルミストーン（重石）を上までしっかりのせる。150℃のオーブンで25分ほどから焼きする。

5 熱いうちに刷毛で全体に溶き卵をぬり、150℃のオーブンでさらに5分焼く。これをもう1回繰り返す。

6 アパレイユを作る。卵と卵黄をボウルに溶きほぐし、Aを合わせて加え混ぜる。

7 生クリームを人肌くらいにあたためて加え、さらに混ぜる。

8 濾し器で濾し、あればバニラオイルを1滴たらす。

9 ガーネットをヘラで少しくずし、8に加え混ぜる。

10 5に8分目まで流し入れ、チェリーの粒をスプーンですくってのせる。

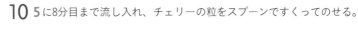

11 160℃のオーブンで25〜30分焼く(20分ほどたったところで前後を入れ替えるとより良い)。

★タルト生地と同じ生地で作れるクラフティは、タルトのときよりもやや厚めに生地をのばすと卵液とのバランスが良く、よりおいしく仕上がります。
★から焼きした生地に溶き卵をぬってからアパレイユを流して焼くことで、サクッとした食感に仕上がります。

クラフティ オ スリーズ エ オ ショコラの作り方

（φ11×H2.5cmのクラフティ型3台分）

1 「クラフティ オ スリーズ」の作り方1〜5（P93〜）と同様に作る。

2 ブラックチョコレートを耐熱容器に入れ、電子レンジ
　または湯煎にかけて溶かす（電子レンジの場合は焦がさ
　ないように気を付ける）。

3 「クラフティ オ スリーズ」の作り方6〜7（P93〜）と同様にアパレイユを作る。2のチョコレートに3回ほどに分け
　てアパレイユを加え、泡立て器で混ぜる（最初は少なめに少しずつアパレイユの量を増やしていくイメージで加え
　混ぜる。チョコレートはマヨネーズと同様、乳化が大事。しっかり混ざってツヤが出てきたら次のアパレイユを加
　えることを忘れずに！）。最後にヘラに持ち替え、ボウルの底からすくうように混ぜる。

4 濾し器で濾す。

5 ガーネット（コンフィチュール）をヘラで少しくずし、
　4に加え混ぜる。

6 「クラフティ オ スリーズ」
　の作り方10〜11（P93
　〜）と同様に作る。

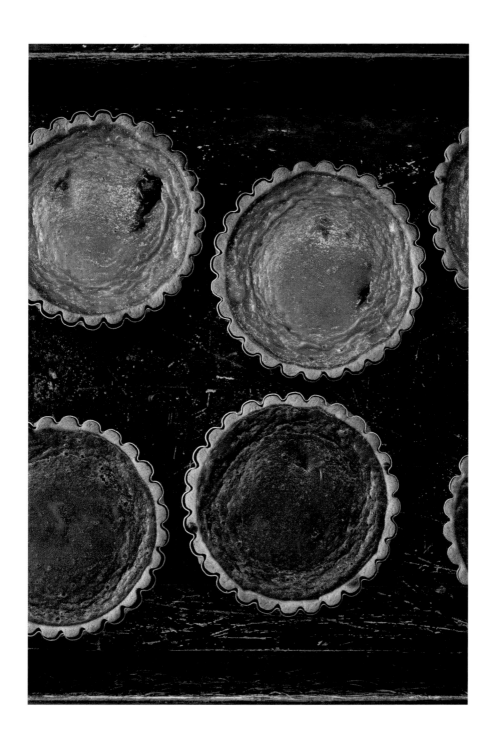

Quiche aux légumes
キッシュ オ レギューム

材料（φ20cm×H3.3cmのタルト型2台分）

◆パータ ブリゼ（甘くない生地）
卵黄　1個分
水　45g
グラニュー糖　10g
塩　4g
発酵バター　150g
強力粉　60g
薄力粉　190g
溶き卵　適量

◆アパレイユ（卵液）
卵　2個
塩　2g
牛乳　80g
生クリーム（42%）　120g
黒こしょう、ナツメグ　各適量

◆具材
ベーコン　5mm厚さくらいのもの10cm（でもお好みで！）
玉ねぎ（薄切り）　1個分
かぶ（くし形切り）　1個分
カリフラワー　¼個
シュレッドチーズ　約100g

作り方
1 パータ ブリゼを作る。ボウルに卵黄と水を合わせ入れ、混ぜる。グラニュー糖と塩を加え、溶けるまでよく混ぜる。
2 バターは冷たい状態のままサイコロ状に切る。
3 別のボウルに粉類を合わせ入れ、**2**を加える。バターを指の腹でつぶしながら、粉にまぶすように混ぜる（バターのかたまりが多少残るくらいまで）。
4 **3**に**1**を加え混ぜる。ひとまとまりになったら粉けがなくなるまで混ぜる（混ぜすぎないように注意する）。ラップに包み、冷蔵庫で3時間以上休ませる。
5 「クラフティ オ スリーズ」の作り方**1**〜**3**（P94〜）と同様にして型に**4**の生地を敷き込む。

6 オーブンペーパーをタルト型の底よりひと回り大きな丸形に切り、全体に切り込みを入れる。

7 **6**を**5**にしっかり敷き、アルミストーン(重石)を8分目くらいまでのせる。160℃のオーブンで30分ほどから焼きする。

8 オーブンペーパーとアルミストーンをはずす。熱いうちに刷毛で全体に溶き卵をぬり、160℃のオーブンでさらに5分焼く。残りの溶き卵を同様にぬり、再び160℃で5分ほど焼く。

9 アパレイユを作る。ボウルに卵を割り入れ、塩を加えて泡立て器でよく混ぜ合わせる。塩が溶けたら、牛乳と生クリームを加え混ぜ、濾し器で濾す。黒こしょうを挽いてナツメグをふり、香り付けして混ぜ合わせる。
　★生クリームを使うとリッチに仕上がり、翌日焼き直してもおいしい。牛乳を豆乳に替えてあっさり作っても。

10 フライパンに油少々（分量外）を
熱し、玉ねぎを軽く炒めて**8**に
半量ずつ敷き詰める。

11 カリフラワーは手でほぐす。**10**の台のひとつにかぶとカリフラワーを
バランスよくのせる。ベーコンは5mm厚さに切ってオーブンであたため、
もうひとつの台にのせる。

12 **9**のアパレイユを鍋に入れ、卵に火が入らない程度にあたためる。**11**に
半量ずつ、8分目くらいまで流し入れ、塩少々（分量外）をふる。

13 天板におき、シュレッドチーズを半量ずつ散らす。半分くらいまでオーブンに入れ、残りのアパレイユをふちぎ
りぎりまで注ぎ足し、160℃のオーブンで20〜30分焼く。

CONFITURE

コンフィチュール

フランスで学んできた味わいに、
季節のものや地元の産物を加えたり、ハーブやスパイス、
ワインを合わせるなど自分たちらしさをプラスして
生まれるコンフィチュール。
大切にしているのは、果物のおいしさ、香り、
風味を生かすこと、です。

Fraises à la menthe fraîche et au poivre noir

フレーズ ア ラ マント フレッシュ
エ オ ポワブル ノワール

材料(120mlの保存瓶3個分)

プレキュイしたいちご(P107)　500g

黒こしょう(ホール)　ティースプーン1杯

ミント(生)　適量

A

| グラニュー糖　50g

| ペクチン　1g

1 ミントは葉を摘む。枝は取り除く。
ボウルにAを入れ、泡立て器で混
ぜ合わせる。

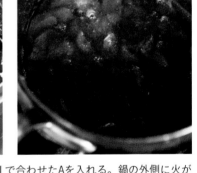

2 銅鍋にプレキュイしたいちごと**1**で合わせたAを入れる。鍋の外側に火が
まわらないくらいの火加減にし、沸くまでやさしくヘラでゆっくり混ぜな
がら煮る。

3 アクが出てきたら取り除き、鍋中全体がフツフツと煮立ってきたらステン
レスの上にコンフィチュールをひとさじ落とし、指で線を引いて糖度を確
認する。線がにじまなかったらOK。にじむようなら、もうひと煮する(その
ときの果物の糖度によっても変わるのでここで必ずチェックしてください)。

4 ていねいにアクを取り除き、もったりしてきたら黒こしょうとミントを加えてやさしく数回混ぜてから火を止める。

5 コンフィチュールが熱いうちに瓶のふちまで詰め、ふたをして逆さまにしておく。

★メゾン ボン グゥのコンフィチュールは糖度が低め。保存よりもおいしさを追求した結果、こうなりました。果物自体が持っている糖度によるので毎回味をみて砂糖の量を変えていますが、だいたいbrix52〜58くらいを目安にしています。

★いちごは完熟しているもので作った方がおいしいです。

★そのまま食べてもおいしい品種は、甘くて香りもいいのでハーブなどを加えたりせず、そのままの味わいを楽しむべく、シンプルに作ります。

★プレキュイしている最中、出てきたアクは、本煮のときにしっかり取り除くので大丈夫ですが、できるだけマメに取り除いてください。

★コンフィチュールは少量ではなく、果物がおいしい時季に多めに炊く方がおいしく仕上がります。

・・

フランスのアルザス地方にあるクリスティーヌ・フェルベールさんのお店「Maison Ferber」で働いていたのは、もう15年も前のこと。今でも脳裏に浮かぶ、あのすばらしい景色やあたたかなフェルベール一家との日々は、私の一生の想い出のひとつです。一年を通して自然を感じ、季節ごとに変わりゆくフルーツと向き合い、体でその味わいと特徴、扱い方を学べたのはとても幸せなことでした。なかでも印象的だったのがこのいちごのコンフィチュール。甘やかないちごの中に香る爽やかなフレッシュミント、時折感じるピリッとした黒こしょう。クリスティーヌの自由な発想は、あの広い大地から来るものなんだと、当時私はあの場所で深く感じました。これを仕込むたびに、あの頃の空気、クリスティーヌの教え、日々のことを繰り返し思い出します（Y）。

プレキュイ（下煮）の材料と煮方

作りやすい分量

1 いちご（紅ほっぺ）1kgはヘタを切り落とし、つぶれているところやキズがあるところ
を除いて小さなものは2等分、大きいものは4等分にする。

2 銅鍋に1とグラニュー糖600gを入れ、やさしく混ぜる。
レモン汁1個分（約60g）を加え、いちごがつぶれないよ
うに混ぜる。

3 2を強火（鍋からはみ出さないくらいの火加減）にかけ、果実から水分が出てくるまで目を離さず、ヘラをやさしく
動かし混ぜながら煮る。アクが出てきたら取り除く。鍋中全体が沸いて、ブクブクと煮立ってきたら火を止め、耐
熱容器に移す（ステンレス製のボウルは避けること。熱いので、はねや火傷に気を付ける）。

4 表面にぴったりラップをかけ、粗熱がとれたら冷蔵庫でひと晩おく（液体から旨みが果実に戻る）。
★メゾン ポン グゥのいちごのコンフィチュールは、春先のいちごのシーズンのみの限定品。紅ほっぺを中心に、あまおう、ロイ
ヤルクイーン、きらび香、恋みのりなど多種のいちごのおいしさを生かしたラインナップが並びます。すべてその時季のものを
使っています。皆さんも、いちごの季節にはいろいろな種類のいちごでコンフィチュールを楽しんでみてください。

À maman
ア ママン

材料（120mlの保存瓶3個分）
プレキュイしたいちご（P107）　500g
てんさい含蜜糖　30g
ペクチン　1g
★「ア ママン」のプレキュイは、砂糖をてんさい含蜜糖に置き換えて作ってください。分量は同じです。

作り方

1 てんさい含蜜糖とペクチンをボウルに入れ、泡立て器で混ぜ合わせる。てんさい含蜜糖のダマは手でつぶす。

2 銅鍋にプレキュイしたいちごの液体のみを入れ、泡立て器で混ぜながら**1**を加える（ダマにならないように注意）。完全に混ざったら果肉を加えて火にかける。鍋の外側に火がまわらないくらいの火加減にし、沸くまでゆっくり混ぜながら煮る。

3 鍋中全体がフツフツと煮立ってきたらステンレスの上にコンフィチュールをひとさじ落とし、指で線を引いて糖度を確認する。線がにじまなかったらOK。にじむようなら、もうひと煮する（そのときの果物の糖度によっても変わるのでここで必ずチェックしてください）。

4 火を止め、コンフィチュールが熱いうちに瓶のふちまで詰め、ふたをして逆さまにしておく。

いつも厳しく強い母も歳を重ねるごとに体に変化が出てきました。そんな母の健康面を考慮しつつ、食の喜びも感じてもらいたいと作ったもの。てんさい糖の甘みで煮たやさしい味わいのコンフィチュールです。母好みのプルンとした仕上げにするため、ペクチンをプラスしました。

Sweet lemonade
スウィート レモネード

材料（120mlの保存瓶3個分）
プレキュイしたスウィート レモネード
　（下記参照）　500g
A
┃ グラニュー糖　50g
┃ ペクチン　1g

作り方
1 銅鍋にプレキュイしたスウィート レモネードと合わせたAを入れ、やさしくヘラで混ぜる。鍋の外側に火がまわらないくらいの火加減にし、沸くまでゆっくり混ぜながら煮る。
2 鍋中全体がフツフツと煮立ってきたら、さらにとろっとするまでもうひと煮する。ステンレスの上にコンフィチュールをひとさじ落とし、指で線を引いて糖度を確認する。線がにじまなかったらOK。にじむようなら、もうひと煮する（そのときの果物の糖度によっても変わるのでここで必ずチェックしてください）。
3 火を止め、コンフィチュールが熱いうちに瓶のふちまで詰め、ふたをして逆さまにしておく。

プレキュイ（下煮）の材料と煮方
作りやすい分量

1

スウィート レモネード（約18個）は上下を落とし、上から下へと縦に皮をむく（皮の白いところに刃をあてながら）。皮は黒い部分を除き、極せん切りにする。薄皮と薄皮の間に刃を入れ、実を取り出す。残った薄皮はしぼる。

2

鍋に実1kgと皮100g、グラニュー糖600gを入れ、火にかける。ヘラで混ぜながら煮、煮立ったらアクを取り除いて5分ほど（全体にブクブク沸き上がってくる感じ）煮る。プラスチック製の耐熱ボウルに移し入れ、種が残っているようだったら取り除く。表面にぴったりラップをかけ、粗熱がとれたら冷蔵庫でひと晩おく（液体から旨みが果実に戻る）。

Grenat
ガーネット

材料(120mlの保存瓶 3 個分)
プレキュイしたさくらんぼ　500g
A
| グラニュー糖　50g
| ペクチン　1〜2g

下準備
- さくらんぼ1kgは種と軸を取り除き、P107のいちごのプレキュイと同様に煮ておく(グラニュー糖は600g、レモン汁は1個分)。

作り方
1 「フレーズ ア ラ マント フレッシュ エ オ ポワブル ノワール」の作り方**2〜3**(P105)と同様に作る。

2 ていねいにアクを取り除き、もったりしてきたらやさしく数回混ぜてから火を止める。

3 コンフィチュールが熱いうちに瓶のふちまで詰め、ふたをして逆さまにしておく。

美しいカラーがガーネットの花のようだと思い、名付けたコンフィチュール。さくらんぼの季節、初夏にかけては佐藤錦や紅秀峰が出回ります。私たちのお気に入りは長野県小布施町に育つ特産のチェリーキッス。他のさくらんぼのように生食はできないほど酸味が立っているけれど、加熱すると味も香りも驚くほど底力を発揮してくれるかわいいやつ。毎年この季節になるとスタッフと家族総出で、一粒、一粒、種ぬき器で種ぬきの日々。年々、この作業への愛着は増すばかり。フランスのアルザス地方で修業をしていたときは、なんと一粒ずつ手作業で種ぬきをしていました。さくらんぼを転がしながら、傷つけないようにそおっと、そおっと。それはそれは気の遠くなるような作業でしたが、嫌いじゃなかった(笑)。クリスティーヌが種ぬき器を好んでいなかったのと、大きな穴があくのが美しくないという理由からの手作業でした。こんなふうに彼女の美的センスは細部にまで宿っていたのだと今もしみじみ思い出します。そう言いつつ、私は機械を使っておりますが(ごめんね、クリスティーヌ)、それでも大変なさくらんぼのコンフィチュール。作るのも、食べるのも愛着がわくってもんです。

Comme diabolo menthe
コム ディアボロ マント

材料(120mlの保存瓶 3 個分)
キウイ　6個(正味約500g)
グラニュー糖　300g
ペクチン　1g
ペパーミント GET（リキュール）　お玉1杯
ミント(生)　3g

作り方

1 キウイは皮をむき、半分に切って芯を取り除く。さらに縦半分に切って1cm幅に切る。

2 鍋にキウイとグラニュー糖200gを入れ、火にかける。ヘラで混ぜながら水分が出てくるのを待つ。

3 キウイが白っぽくなったらアクを取り除き、残りのグラニュー糖とペクチンを混ぜ合わせ、加える。全体的に沸いてきたらペパーミント GETを加えてひと煮し、ミントを加えて火を止める。

4 さっとアクを取り除いてから、コンフィチュールが熱いうちに瓶のふちまで詰め、ふたをして逆さまにしておく。

Figues nature
フィグ ナチュール

材料(120mlの保存瓶4〜5個分)
プレキュイしたいちじく　500g

下準備
● いちじく1kgは皮ごと、P107のいちごの
プレキュイと同様に煮ておく（グラニュ
ー糖は600g、レモン汁は1個分）。

作り方

1 「フレーズ ア ラ マント フレッシュ エ オ ポワブル ノワール」
の作り方**2〜3**（P105）と同様に作る。

2 ていねいにアクを取り除き、もったりしてきたらやさしく数
回混ぜてから火を止める。

3 コンフィチュールが熱いうちに瓶のふちまで詰め、ふたをし
て逆さまにしておく。

Figues et vin rouge
フィグ エ ヴァン ルージュ

材料(120mlの保存瓶4〜5個分)
プレキュイしたいちじく　500g
赤ワイン　150g

下準備
● いちじく1kgは皮ごと、P107のいちごの
プレキュイと同様に煮ておく（グラニュ
ー糖は600g、レモン汁は1個分）。

作り方

1 「フレーズ ア ラ マント フレッシュ エ オ ポワブル ノワール」
の作り方**2〜3**（P105）と同様に作る。

2 ていねいにアクを取り除き、もったりしてきたら赤ワインを
加え、やさしく数回混ぜてから火を止める。

3 コンフィチュールが熱いうちに瓶のふちまで詰め、ふたをし
て逆さまにしておく。

★南イタリアの品種Dottatoのいちじくは、
ギリギリまで完熟させてから収穫するため
とても甘く、香りも豊潤。ゆえにさまざま
な食材とも好相性！　味わいが濃く実がし
っかりとしている外国種は比較的水分量が
少なめですが、千葉県南房総の田倉ファー
ムの白いちじくは水分も味わいも格別！
パーフェクトな味わい。しかも、自然のペ
クチンが豊富に含まれているのでノンペク
チンでOK。

イタリアの白いちじくには、イ
タリアのワインを合わせて。フ
ロマージュやハード系のパン
につけて食べれば、甘い⇄しょ
っぱいの往復。エンドレスです。

トーストしたパンに「ポンム オ キャラメル」をのせ、
厚めにカットした有塩バターをのせて食べるのは、私たちの定番中の定番です。（N・Y）

Pomme au caramel
ポンム オ キャラメル

材料（120mlの保存瓶4〜5個分）

A
| キャラメリゼ オ ポンム（P39）　500g
| りんごの皮と芯を煮出した汁
|　（下記参照）　100g
グラニュー糖　40g

作り方

1　鍋にAを入れ、火にかける。煮立ったらグラニュー糖を加え、もうひと煮する。

2　火を止め、コンフィチュールが熱いうちに瓶のふちまで詰め、ふたをして逆さまにしておく。

りんごの芯と皮を煮出す

作りやすい分量

銅鍋にりんごをむいたあとの皮と芯 930g（約15個分）とグラニュー糖 150gを合わせ入れ、ひたひたに水を加えて火にかける。煮立ったらアクを取り除き、煮汁がピンク色になるまで中火で30分ほど煮る。

濾し器で濾す（煮汁が濁るので上から押したりしないように）。

マンダリンはみかんの意。日本にはたくさんのおいしいみかんがあります。
「マンダリン エ フリュイ ドゥ ラ パッション」は、
甘ずっぱいパッションフルーツにはれひめの実をゴロッと加えた
食べ応えのあるコンフィチュール。ヨーグルトとも好相性です。(N・Y)

Mandarines et fruits de la passion
マンダリン エ フリュイ ドゥ ラ パッション

材料（120mlの保存瓶3個分）
プレキュイしたパッションフルーツと
　　はれひめ（下記参照）　500g
A
| グラニュー糖　50g
| ペクチン　1g

作り方

1 銅鍋にプレキュイしたパッションフルーツとはれひめ、Aを入れ、やさしくヘラで混ぜる。鍋の外側に火がまわらないくらいの火加減にし、沸くまでゆっくり混ぜながら煮る。

2 鍋中全体がフツフツと煮立ってきたら、さらにとろっとするまでもうひと煮する。ステンレスの上にコンフィチュールをひとさじ落とし、指で線を引いて糖度を確認する。線がにじまなかったらOK。にじむようなら、もうひと煮する（そのときの果物の糖度によっても変わるのでここで必ずチェックしてください）。鍋の内側がキャラメル化してきたら味が入らないように必ずぬれタオルでふきとる。

3 アクを取り除いて火を止める。コンフィチュールが熱いうちに瓶のふちまで詰め、ふたをして逆さまにしておく。

プレキュイ（下煮）の材料と煮方
作りやすい分量

1 はれひめ約18個は上下を落とし、上から下へと縦に皮をむく（皮の白いところに刃をあてながら）。薄皮と薄皮の間に刃を入れ、実を取り出す。残った薄皮はしぼる。

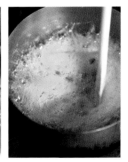

2 ボウルにはれひめの実と果汁合わせて1kgを入れる。パッションフルーツ200gは半分に切ってスプーンで実をかき出す。グラニュー糖600gを加えてやさしく混ぜ、銅鍋に移し入れて火にかける。鍋のまわりからフワーッと沸き上がってきたら火を止め（アクは取り除かずに）、耐熱のボウルに移し入れて表面にぴったりラップをかけ、粗熱がとれたら冷蔵庫でひと晩おく。

Sweet spring et vin blanc

スウィート スプリング エ ヴァン ブラン

材料（120mlの保存瓶3個分）
プレキュイしたスウィート スプリング
　（オレンジ）の皮と実　500g
A
　｜グラニュー糖　180g
　｜ペクチン　3.5g
白ワイン　150g

下準備
● スウィート スプリングは「スウィート
　レモネード」のプレキュイ（P111）と同様
　に煮ておく（グラニュー糖は600g、レモ
　ン汁は1個分）。

作り方

1　銅鍋にプレキュイしたスウィート スプリングとAを入れ、火
　にかける。ヘラで混ぜながら鍋の外側に火がまわらないくら
　いの火加減にし、沸くまでゆっくり混ぜながら煮る。

2　鍋中が全体的にフツフツしてきたら、白ワインを加える。ア
　クが出てきたら取り除く。ステンレスの上にコンフィチュー
　ルをひとさじ落とし、指で線を引いて糖度を確認する。線が
　にじまなかったらOK。にじむようならもうひと煮する（その
　ときの果物の糖度によっても変わるのでここで必ずチェック
　してください）。

3　火を止め、コンフィチュールが熱いうちに瓶のふちまで詰め、
　ふたをして逆さまにしておく。

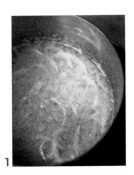

★使用した白ワインはフランス アルザス地方
のヴァンナチュール。
「Julien Meyer Les Pierres Chaudes Pinot Blanc
17/18」。

バラの花の芳香を持つゼラニウムは、
コンフィチュールにほのかな香りを付け、
色香を与えてくれる私たちのお気に入りのハーブ。
フロマージュ ブランやヨーグルトなどに
添えれば、たちまちデザートに！！(N・Y)

124

Fraises et géranium rose
フレーズ エ ゼラニウム ローズ

材料(120mlの保存瓶 3個分)
プレキュイしたいちご(PI07)
　500g
ゼラニウムの葉　4〜5枚
A
| グラニュー糖　30g
| ペクチン　Ig
★いちごはあまおうを使用しています。

作り方

1 ゼラニウムは葉を摘む。

2 銅鍋にプレキュイしたいちごと合わせたAを入れ、やさしくヘラで混ぜる。鍋の外側に火がまわらないくらいの火加減にし、沸くまでゆっくり混ぜながら煮る。

3 鍋中全体がフツフツと煮立ってきたら、さらにとろっとするまでもうひと煮する。ステンレスの上にコンフィチュールをひとさじ落とし、指で線を引いて糖度を確認する。線がにじまなかったらOK。にじむようなら、もうひと煮する(そのときの果物の糖度によっても変わるのでここで必ずチェックしてください)。

4 ていねいにアクを取り除き、もったりしてきたらゼラニウムの葉を加えてやさしく10回ほど混ぜてから火を止める。

5 コンフィチュールが熱いうちに瓶のふちまで詰める。ふたをして逆さまにおいて10日間ほど休ませ、香りを移す。

Caramel salé
キャラメル サレ

材料（120mlの保存瓶4個分）

A
- 生クリーム（42％）　200g
- 牛乳　60g
- バニラビーンズ　1/4本
- 塩　3g
- きび砂糖　30g
- グラニュー糖　30g

B
- きび砂糖　30g
- グラニュー糖　190g
- 水飴　30g

発酵バター　20g

作り方

1 Aのバニラビーンズはさやから種をこそげる。鍋にAを合わせ入れ、火にかける。ゴムベラで混ぜ、沸いたら火を止める。

2 別の鍋にBを合わせ入れ、火にかける。砂糖が溶けて全体的にキャラメル化してきたら、泡立て器で混ぜながら1を少しずつ加える（蒸気が熱いので軍手やオーブンミトンをして行い、火傷に気を付ける）。

3 全体的に沸いてきたら火を止め、バターをかたまりごと加え、泡立て器で混ぜる。

4 再び火にかけ、ゴムベラで混ぜながらバターが完全に溶けるまで混ぜる。火を止め、バニラをはずしてハンドブレンダーで照りが出るまで攪拌する。

5 タルティネが熱いうちに瓶のふちまで詰め、ふたをして逆さまにしておく。

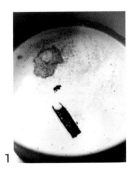
1

2

3

4

3

4

Pâte à tartiner amazon cacao

パータ タルティネ アマゾン カカオ

材料（120mlの保存瓶4個分）
アマゾンカカオ（P139）　30g
キャラメル サレ（作りたてのもの・P127）　200g

作り方
1　アマゾンカカオは刻む。
2　ボウルにすべての材料を入れ、ゴムベラで混ぜる。ハンドブレンダーでツヤが出るまで攪拌し、乳化させる。
3　タルティネが熱いうちに瓶のふちまで詰め、ふたをして逆さまにしておく。

1

2

3

カカオがフルーツであることを証明するかのようなフルーティーな酸味のあるアマゾンカカオを知ったのは、料理人で、アマゾンカカオを取り扱っている太田哲雄さんとの出会いから。数年前、湘南で開催されたデモンストレーションでのことでした。そのとき会場内にいた他の料理人の方々からも、パティシエとは違った新鮮な視点でカカオについて学べ、とても勉強になった会でもありました。私たちがアマゾンカカオをお菓子に取り入れるようになったのはそれから。少しばかりではありますが、毎年何らかのお菓子に加えるようになりました。このタルティネもそのひとつ。スコーンにかけたり、トーストしたパンにぬったり、そのままスプーンですくってパクッと食べたりしてこの希少な味わいを楽しんでいます。

リュバーブ

リュバーブは、私にとってクリスティーヌとの想い出がよみがえる素材のひとつ。お店で、緑色のリュバーブのコンフィチュールをずーっと作り続けているのは、たくさんのことを教えてもらったクリスティーヌとのスブニール（想い出）を表現したいからでもあるし、彼女自身がポピュラーな赤いリュバーブではなく、美しい緑色のリュバーブを使い続けていたからということもあります。そう、これは彼女へのオマージュ。

「緑色のリュバーブは程よい酸味といい、美しい色合いといい、素材として最良のもの」と常々語っていたクリスティーヌ。私が緑色のリュバーブでコンフィチュールを作り続けているのはこんな理由からなのです。

私たちのリュバーブのコンフィチュールは、ほとんどが長野県産のものを使用しています。時期やタイミングによっては茅ヶ崎産のものも。この色味を最大限に引き出し、煮くずれないようにすることなど、その年によって素材の状態は変わるので、変化を見逃さぬように向き合い製作する、とても神経を使うコンフィチュールのひとつでもあります。

クリスティーヌから授かったインスピレーションの先に考えついたのは、リュバーブとヴァンナチュール（自然派ワイン）との組み合わせでした。野菜といわれるリュバーブの青々しさを逆手にとれないだろうかと考えたのが、ゲヴェルツトラミネールやピノグリ、リースリングの爽やかさや華やかさをプラスすることでした。年々、組み合わせていくワインは増え、さまざまな組み合わせにチャレンジしては、その奥深さ、重なり交わっていく味の層や変化していく微妙な味わいの違いやおもしろさに嵌まっています。夫婦であれやこれやと話しては、次なる味を求めて、飲んで、試して、作り、味わう。お店に出ている季節に寄り添ったコンフィチュールの種類は、実はまだほんの一部。これからもっとおいしくて楽しい組み合わせをご紹介していきたいと思っています。（Y）

ワインは「Julien Meyer Petite Fleur 2018 Muscat Maceration」。
ワインをちびちび飲みながら、リュバーブのコンフィチュールを。

コンフィチュールの楽しみ方

コンフィチュールとハーブティー …………………………

長野県の「蓼科 ハーバルノート・シンプルズ」との出会いは、友人が働いていたこともあってかれこれ20年ほど前のことになります。実際にハーブやエッセンシャルオイルに本格的に興味を持ったのは、お店を始めてからですが、今もなお、ハーブやアロマのことなど、いろいろアドバイスをいただいている頼れる存在。疲れた体と心に寄り添うハーブティーは今では私たちの暮らしに欠かせないものになり、数年前にはアロマアドバイザーの資格を取得し、オリジナルでブレンドしたハーブティーを販売するようにもなりました。ちょっと甘いものが欲しいときには、ハーブティーにコンフィチュールをたらり。フルーティーな香りと甘みが心と体を緩めてくれます。写真はピンクローズ、レッドローズ、ジャーマンカモミール、ストロベリーリーフなどをミックスしたオリジナルハーブティーNo.2に、やさしい甘みの「アママン」(P108) の組み合わせ。柑橘系にもとてもよく合います。(Y)

コンフィチュールのパレット ....

コンフィチュールとハーブ、焼き菓子をパレットのように並べたひと皿は「蓼科ハーバルノート・シンプルズ」のハーバルパレットからインスピレーションを受けたもの。少しずつ、いろんな味わいを、ハーブの香りとともに。庭で摘んだ小さな花を添えても。（Y）

白ワインや炭酸と ....

暑い夏にはコーディアルとしても活躍してくれるリュバーブのコンフィチュール。白ワインや炭酸水で割ってアペリティフにも。（N）

トーストしたパンにマスカルポーネチーズをのせて …………

パン、マスカルポーネ、いちごのコンフィチュールで最強のプチデジュネ（朝食）。（Y）

炭酸水で割って ……………………………………………………………

「コム ディアボロ マント」（P115）50gとシロップ20gを合わせたものをグラスに入れ、炭酸
水を注いだキウイサイダー。簡単でおいしいです。（N）

フロマージュとともに ···

コンフィチュールの定番フィグや、王
道のアプリコットとフロマージュのマ
リアージュを楽しむ時間は、私たちの
至福のひととき。ぜひ、このおいしさ
を皆さんにも楽しんでいただきたいで
す。（N・Y）

サラダのドレッシングに ……………………………………………………

　柑橘系のコンフィチュールの甘みを生かしてドレッシングを作ると、フルーツの香り
とコンフィチュールのやさしい甘みがオイルと酸味に合わさって、いつもとはひと味
もふた味も違った味わいに。写真のドレッシングは、P120の「マンダリン エ フリュイ
ドゥラ パッション」40gに同量の酢と塩5g、オリーブオイル30〜40gを加えたもの。柑
橘系のコンフィチュールで作っても。マンゴーのコンフィチュールで作る場合は、に
んにくを加えるとより美味。コンフィチュールにオリーブオイルを合わせるフレッシ
ュな旨みと楽しみ方は、フランス人から教わったことのひとつです。(Y)

肉のソースとして ……………………………………………………………

「レ コンフィ エ フリュイ エグルドゥ」とは、甘酸っぱいコンフィのこと。これも、クリスティーヌの定番でした。このリュバーブのエグルドゥは私のオリジナルですが、クリスティーヌはチェリーやクウェッチ、ブルーベリーなど、たくさんのフルーツで作っていました。この甘酸っぱいエグルドゥは、仔羊や豚肉のグリエなどと相性抜群。肉の付け合わせとして一緒にテーブルに並べてみてください。(Y)

コンフィチュールとワインのこと

それはもう15年以上前のこと。フランスのアルザス地方にあるクリスティーヌ・フェルベールさんのラボで働いていた頃。毎日起こること、見るもの、食べるもの、聞くもの、さまざまな出来事が斬新かつ新鮮の連続でした。なかでも一番と言っていいくらい今でも脳裏に焼きついているのは、Gelée de vin（ジュレ ドゥ ヴァン）を作る際に惜しみなく注がれていく白ワインの量！ ボトルから勢いよくドバドバーッとキャセロールに注がれる様に何度も目が点になったものです。そこからゆっくりとジュレになっていく間、ふわりと包まれていくワインの香りも、とろ〜んと揺蕩う感じも、それはそれはもう夢見心地。それを目の当たりに体験してきたおかげで、今の私はコンフィチュールを仕込むときにも、ガトーを焼くときにも躊躇することなく、華やかなゲヴェルツトラミネールも、爽やかなリースリングも、アルザスならではの品種シルヴァネールも、ガツンと注ぐことができるのです。

かつて日本で購入に戸惑っていたワインも、フランスで働いていたときのさまざまな経験のおかげで、今ではぐっと身近なものになりました。たくさんの人に出会い、教えていただきながら少しずつ培っていったお菓子とワインへの愛。今もその経験を基に、柑橘、リュバーブ、いちじくなどいろいろなフルーツとのマリアージュはもちろん、生ケーキにも出会いの楽しみを加えています。それもこれもすべてはたくさんの素敵な方々との出会いと教えがあってこそ。私たちのワインとコンフィチュールのおいしさへの追求と発見はこれからもまだまだ続いていきます。（Y）

材料のこと

おいしいお菓子を作るためには、作り方ももちろん大切ですが、材料も重要。どんなものを使うかによって、当たり前ですが、おいしさも左右されてきます。体に入れるものですから、材料はできるだけいいものを選ぶようにしたいところ。私たちが使っている材料の一部はこんな感じです。

粉類

左から強力粉、薄力粉のエクリチュール、同じく薄力粉のスーパーバイオレット。エクリチュールはフランス産小麦100%の薄力粉で、サクサク感やホロッとした食感に仕上がる粉。焼き菓子に向いているといわれています。スーパーバイオレットは、しっとりした食感やふんわりした仕上がり。エクリチュールとスーパーバイオレットを合わせて使用する場合もあります。

バター、ショートニング

バターはよつ葉の発酵バター（食塩不使用）を、ショートニングは植物油を原料とした食用油脂を使用。普通の食塩不使用バターではなく、発酵バターを焼き菓子に使用することでコクが深まり、香りもさることながら風味が数段増すので、私たちが作るお菓子には欠かせません。また、ショートニングを少し加えることで、口に入れたときにホロホロッとくずれ、口溶け良く仕上がります。

生クリーム

生クリームは濃度によって使い分けしています。クラフティのアパレイユには35%であっさりめに。キッシュのアパレイユにはクリーミーな味わいに仕上がる42%を。濃厚なクリーミーさを求めるキャラメル作りなどには47%のものを贅沢に使用します。

クレーム エペス

程よい酸味とやわらかな食感が加わるクリーム。サワークリームでも代用可。

塩

甘みを引き出す役目もこなす塩は、ミネラルたっぷりのゲランドの塩を使用。

ベーキングパウダー

焼き菓子を作る際、生地に少量加えることでふっくらした仕上がりを促す粉。アルミ不使用のものを使ってください。

アーモンドプードル

カリフォルニア産とシチリア産（粗挽き・右）を合わせて使用。ブレンドすることで味に深みが出て旨みが増します。

りんご由来のペクチン

コンフィチュールを作る際に加える、りんごから抽出した食物繊維の一種で、ゼリー状のとろんとした状態を作り出します。

ナッツ類

お菓子に食感や香ばしい風味をプラスしてくれるナッツ類。私たちはあえて皮付きの生のものを購入し、オーブンでローストしてから皮をむいて使用しています。ローストしたての香ばしさは格別です。常備しているのは、主にくるみ、カシューナッツ、ペカンナッツ、アーモンドなど。アーモンドはスライスしたものと丸ごと、両方を常備。

ココナッツファイン、ココナッツオイル

ココナッツの実を粗挽きにしたのがココナッツファイン。ココナッツから抽出したオイルがココナッツオイルです。ココナッツ風味のお菓子を焼くとき、ココナッツミルクとともに使うと風味と旨みが増します。

スパイス

コンフィチュールや焼き菓子にアクセントや風味をプラスしてくれるスパイス類。こしょうはマダガスカル産のワイルドペッパーや同じくマダガスカル産の緑こしょうなどがここのところのお気に入り（写真左）。ブルーチーズケーキに合わせた台湾の山胡椒とも呼ばれている馬告（マーガオ・写真右の左端）は、山椒とレモングラスを合わせたような独特の香りと味わいで、友人にいただいてすぐ新たなインスピレーションがわいたもの。スパイスは新しいお菓子を想像するきっかけにもなります。その他、シナモン、スターアニス、カルダモン、バニラなども私たちのお菓子に欠かせないスパイスです。

チョコレート、カカオ

何かと使えるチョコレート類は、飾りや焼き込んだりするのに便利なチョコチップ、カカオニブ、それにアマゾンカカオを常備。チョコチップは甘すぎないものを選んでいます。溶かしてチョコレートソースやムースにも使用するクーベルチュールは、主にヴァローナ社とオペラ社のものを使用（写真上の右・カライブ66％）。カカオニブはヴァローナ社のものを使用。アマゾンカカオ（写真右）は料理人の太田哲雄さんから購入しています。

洋酒

焼き菓子の香り付け、ドライフルーツを漬ける、焼き上がったお菓子にぬるなど、洋酒の使い方はいろいろ。ラム酒（私たちがよく使っているラム酒は写真の通り）やキルシュ酒にドライフルーツを漬けたり、焼き上がったケークにさっとぬったりするのはもちろん、ウィスキーも同様使いにしたり、コンフィチュールやケークにお気に入りのヴァン ナチュールを加えたりなど、マリアージュとは別の形で洋酒をお菓子に組み込んでいっています。写真右のヴェッキオサンペーリという名のお酒は、マルサラ酒の原型ともいわれるワインで、お菓子に料理に、さまざまな表情と味わいを生み出してくれるもの。焼き上がったお菓子にぬったり、香り付けに使ったりと、いろいろ活躍中。

コーヒー、紅茶

ケーキやサブレに焼き込んだり、クリームに加えたりするコーヒーと紅茶は、仕事の合間のホッとひと息にも欠かせない愛飲中の銘柄のものをお菓子にも使っています。コーヒーは、神奈川県鎌倉市の老舗カフェ「カフェ ヴィヴモン ディモンシュ」のマスター 堀内隆志さんが焙煎しているもの。紅茶は神奈川県大磯町の「TE HANDEL」オリジナルブレンド、ブルースター。お菓子に合わせてもおいしいコーヒーと紅茶はお店でも取り扱いしています。

アプリコット
コンフィチュール

焼き菓子の仕上げに欠かせないアプリコットコンフィチュール。メゾン ボン グゥのコンフィチュール「アプリコット ナチュール」のようなシンプルなアプリコットジャム（brix58くらいを目安）を煮詰めて使ってもいいし、煮詰めたアプリコットのコンフィチュール（製菓材料店などで購入可）を好みの加減に水で薄めて煮立たせたものを使うのでも。

ドライフルーツ

焼き菓子やチョコレートにおいしさを
プラスアルファしてくれるドライフル
ーツ。レーズンはマスカットレーズン、
サルタナレーズンの2種をミックスし
たり、それぞれの用途に合わせて使っ
ています。常備しているのは、アプリ
コット、ドレンチェリー、オレンジピ
ール、プルーン、フルーツミックス、
ブルーベリー、クランベリー、アンゼ
リカ。加えて、フリーズドライのいち
ごも、チーズケーキに加えたり、チョ
コレートに合わせたり、彩り的にも活躍
してくれるアイテムになっています。

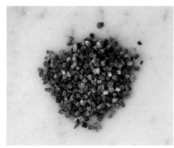

ハーブ

コンフィチュールの風味付けに、味の
アクセントに、ケーキのデコレーショ
ンに、私たちのお菓子作りに欠かせな
いハーブは、長野県の「蓼科 ハーバ
ルノート・シンプルズ」からコーディ
ネートやアドバイスをもらい、季節や
作るものに寄り添い、取り入れていま
す。ローズゼラニウム、スウィートバ
イオレット、レモンタイム、ローズマ
リーの他、食べられる花＝エディブル
フラワーのビオラやワイルドデイジー
なども、季節とお菓子に合わせてコー
ディネートしています。

おわりに

フランスへの憧れからフランス菓子職人の道へと進み、日本で、そしてフランス・アルザス地方でと学びを重ねてきました。さまざまな物事にふれ、たくさんの失敗から学び、私たち二人の今とメゾン ボングゥがあります。また、何事もひとつひとつ基礎をていねいに積み重ねていくことこそが、考えや想像を形にする技術につながっていくと時間の経過からも教わりました。こだわりや職人ならではの考え方、ときには一個人として自身のことを客観視することも大事だという、諸先輩方からの言葉を思い出しながら、今にして思うことのひとつです。

今回、初めて本作りを経験するにあたり、自分たちがお菓子作りに対して大切にしていることや決めごとがこんなにもたくさんあるということを、今さらながら知りました。また、それが実はものづくりをするうえでとても大切なことなんだと気付かされたのは、この本の編集者 赤澤かおりさんとのやりとりからでした。カメラマンの広瀬貴子さんと動画を撮影してくれた松園多聞さんの、ここ一番の集中力には異業種ながらしびれるほどの学びがありました。撮影後の本作りを陰ながら支えてくださったデザイナーの縄田智子さん、KADOKAWAの編集さんなど、今回のたくさんの方々との出会いは、知らず知らずのうちに私たちのお菓子作りに向かうインスピレーションや甘い想像へふくらみ、おのずと創作へつながっていったことも、この経験を通して知り得たことでした。

出不精でひたすらものづくりばかりしてきた私たちに素敵な人たちを紹介し、つなげてくれた友人たちのおかげで今の私たちがあります。また、いつも私たちを支えてくれるスタッフにもあらためて感謝します。いつもありがとう。この本は、人と人とが心でつながり、広がることを体現したひとつの形でもあるように思います。
ニューノーマルの時代のなかで自分たちのあり方を模索し、未来を思考してもいますが、時代の変化にとらわれることなく、私たちらしくニュートラルにものづくりをしていきたい、そう思っています。そして好きなことを仕事にしていることへの感謝とこれから出会う方々への期待も込めて、楽しみながらお菓子作りに邁進していきたいと思います。その先にあるたくさんの笑顔に出会うために。

2021. 春　伊藤直樹 伊藤雪子

伊藤直樹
「メゾン ボン グゥ」シェフパティシエ。
神奈川県生まれ。調理師専門学校卒業後、
神奈川の洋菓子店で修業。東京 下高井戸「ノ
リエット」などで腕を磨き、妻の雪子さんとと
もに2013年、地元・茅ヶ崎で「メゾン ボン グ
ゥ」を開業。

伊藤雪子
「メゾン ボン グゥ」オーナーパティシエール。
国内のフランス菓子店で修業ののち、渡仏。
アルザス地方の名店でコンフィチュールや菓
子を学ぶ。帰国後、さらに修業を重ね、夫
直樹さんとともに湘南・茅ヶ崎に洋菓子店を
開店。地域の人々にこよなく愛され、遠方か
らのファンも通う人気店に。

Les Gâteaux (レ ガトー)
湘南(しょうなん) メゾン ボン グゥの
焼き菓子(やきがし)とコンフィチュール

2021年3月29日　初版発行

著　者／伊藤直樹(いとうなおき) 伊藤雪子(いとうゆきこ)
発行者／青柳昌行
発　行／株式会社KADOKAWA
〒102-8177 東京都千代田区富士見2-13-3
電話0570-002-301(ナビダイヤル)

印刷所／凸版印刷株式会社